UNIX A BASE DE EJEMPLOS

4ª EDICIÓN

David Martínez Perales

Todas las marcas citadas en este libro, pertenecen a sus propietarios.

Esta publicación tiene como objetivo el aprendizaje y carece de responsabilidad del uso que el lector le de a la información facilitada.

La publicación de esta obra no está ligada a ningún servicio de asistencia de ningún tipo.

Reservados todos los derechos de publicación en cualquier idioma a su autor, David Martínez Perales.

Ninguna parte de este libro puede ser reproducida por ningún medio, tal y como se estipula en el código penal.

ISBN: 978-1-291-40780-8
Editor: Lulu.com
Derechos de propiedad: David Martínez Perales
Copyright: © 2013
Idioma: Español
País: España

Este libro está dedicado a todas las personas que me han ayudado a adquirir los conocimientos de informática que han hecho posible escribir esta obra. Por supuesto, también quisiera dedicarlo a mi mujer Raquel, a mi familia y a mis amigos.

Índice de contenido

Parte 1	13
Conocimientos básicos de UNIX	13
Introducción	15
Historia de UNIX	15
¿Qué es un sistema informático?	17
Definición y conceptos	17
El sistema binario	18
Operaciones con números binarios	18
Conversión de binario a decimal	19
Conversión de decimal a binario	20
Sistemas de numeración octal y hexadecimal	20
Cambio de binario a octal	21
Cambio de binario a hexadecimal	22
Aprender a moverse por el sistema operativo	24
Introducción	24
Iniciar una sesión	25
¿Cómo se ejecuta un comando?	26
Modificar la salida estándar de un comando	27
Editar ficheros de texto	28
El editor vi	28
Edición del texto	29
Control de pantalla	29
Borrar texto	30
Búsqueda	30
Otros	30
Comandos básicos relacionados con el sistema de archivos	35
Mirar los archivos que contiene un directorio	38
Crear un directorio	39
Entrar y salir de un directorio	39
Saber en qué directorio estamos	40
Visualizar el contenido de un fichero de texto	40
Copiar un archivo a otro directorio	40
Borrar un archivo	41
Mover y renombrar un archivo	41
Crear un enlace a un archivo	42
Sincronizar sistemas de archivos	43
Buscar un archivo	43
Empaquetar y desempaquetar un archivo en formato tar	45
Comprimir y descomprimir un archivo	46

- Conocer el espacio disponible en el directorio actual 47
- Averiguar cuales son los archivos y directorios que más ocupan 48
- Saber qué procesos están utilizando un sistema de archivos 49
- Conocer de qué tipo es un archivo 50
- Traducir a texto un fichero binario 50
- Ejecutar una aplicación que utilice el modo gráfico 51
  - xhost 52
  - XAuth 53

Comandos básicos relacionados con los procesos 53
- Conocer los procesos que están corriendo en el sistema 55
- Revisar el consumo de CPU y memoria de cada proceso 56
- Forzar la finalización de un proceso 58
- Capturar la señal de finalización de un proceso 60
- Modificar la prioridad de ejecución de un proceso 60
- Conocer el tiempo de ejecución de un proceso 61
- Lanzar procesos en background 62
- Planificación de tareas mediante cron 63
- Revisar los procesos que están ejecutando los usuarios conectados 65

Comandos básicos relacionados con los filtros 65
- Búsqueda de cadenas de texto 65
- Ordenar cadenas de texto 67
- Eliminar las líneas repetidas de un texto 69
- Contador de líneas, palabras y caracteres 70
- Cortar caracteres de una cadena de texto 70
- Sustituir una cadena de texto por otra 71
- Ver las primeras líneas de un texto 72
- Ver las últimas líneas de un texto 72
- Comparar el contenido de dos archivos de texto 73

Parte 2 75
Conocimientos de UNIX a nivel de administrador 75
Administración de los sistemas UNIX 76
Introducción 76
¿Qué ocurre durante el arranque del sistema operativo? 76
- inittab y los niveles de ejecución 77

Administración de usuarios y grupos 80
- Conceptos 80
- Añadir un grupo al sistema 81
- Crear una cuenta de usuario 82
- Eliminar un usuario 82
- Eliminar un grupo 83
- Modificar la contraseña de un usuario 83
- Administrar grupos 83

    Obtener los identificadores de usuario y grupos a los que pertenece un usuario 84
    Cambiar de usuario 84
    Búsqueda de errores en los ficheros de configuración de contraseñas y grupos 85
    Utilizar un intérprete de comandos distinto al actual 86
Administración de permisos en directorios y archivos 87
    Modificar los permisos de lectura, escritura y ejecución de un archivo 87
    Asignación de permisos mediante ACL 90
    Permiso setuid 91
    Permiso setgid 92
    Permiso sticky-bit 93
    Cambiar el propietario y grupo de un archivo 94
    Configuración de sudo 94
Administración del sistema de archivos 100
    Conceptos 100
    Creación de una partición, un sistema de archivos, montaje del filesystem y uso del mismo 101
    Crear la entrada en el sistema de un nuevo dispositivo 108
    Network Filesystem Service (NFS) 109
    Discos en mirror 110
        Conceptos 110
        Creación de una estructura de mirror por software 111
        RAID5 112
    Logical Volume Manager (LVM) 114
        Conceptos 114
        Creación de una estructura LVM 119
        Comandos de LVM 120
            Ampliar un sistema de archivos 120
            Modificar las propiedades de un volumen lógico 120
            Crear un volumen lógico 120
            Eliminar un volumen lógico 120
            Mostrar la información de los volúmenes lógicos 120
            Creación de un mirror de un volumen lógico 120
            Eliminación de un mirror 120
            Sincronizar dos LVs en mirror 121
            Aumentar el tamaño de un volumen lógico 121
            Disminuir el tamaño de un volumen lógico 121
            Crear un volumen físico 121
            Eliminar un volumen físico 121
            Modificar las propiedades de un volumen físico 121
            Comprobar la consistencia de un volumen físico 121
            Guardar la configuración de LVM 122
            Restaurar la configuración de LVM 122

- Crear un VG..122
- Eliminar un VG del sistema..122
- Elimina un grupo de volúmenes del sistema y los discos asociados..............122
- Activar o desactivar un VG..122
- Mostrar la configuración de un VG..122
- Añadir un disco a un VG...123
- Importar un VG al sistema..123
- Eliminar un disco de un VG..123
- Trasladar un VG de un servidor a otro...123

Administración de la red...124
Conceptos..124
- Elementos de hardware más destacados..124
- Los elementos de software que podemos encontrar:.......................................125
- Montaje y funcionamiento de una estructura de red......................................125
- IP...128
- Máscara de red...128
- Direcciones broadcast..131
- Domain Name Server (DNS)..131
- Puerta de enlace (Gateway)...133
- IP de loopback...133
- Dinamyc Host Configuration Protocol (DHCP)..133
- MAC Address...133
- Puerto de comunicaciones..134

Configuración de la red en un sistema UNIX...137
- Configuración de la tarjeta de red..137
- Configuración del gateway..139
- Configuración de los DNSs...140
- Configuración de una IP virtual...140
- Borrar la configuración de una interfaz de red..142
- Configuración de una interfaz bridge..142
- Tablas ARP...143
- Otros comandos de sistema relacionados con las redes..................................144
  - ping..144
  - traceroute...145
  - netstat...146
  - hostname..148
  - Muestra en pantalla el nombre de nuestro sistema.....................................148
  - domainname..149
  - nslookup...149
  - telnet...150
  - ssh...150
  - finger..150

- talk...151
- rpcinfo 151
- El proxy squid..152
  - Conceptos..152
  - Configuración de squid...153
  - Arranque de squid..155
- File Transfer Protocol (FTP)..156
  - Conceptos..156
  - Ejemplos de uso de los comandos FTP..159
  - Configuración del servidor FTP..162
  - Enjaulamiento de usuarios FTP...164
- Conexiones seguras...167
  - Secure Shell (SSH)..167
    - Creación de las claves pública y privada...168
    - Estableciendo una relación de confianza mediante claves................169
    - Estableciendo una relación de confianza basada en la relación host-usuario.....170
    - Copiar un fichero local a un servidor remoto...................................171
    - Exportar una variable de entorno remotamente................................171
    - Redirección de puertos locales..172
    - Redirección de puertos remotos..172
  - Secure FTP (SFTP)..173
    - Automatizar una conexión SFTP..174
    - Directorios CHROOT..175
  - Secure Sockets Layer (SSL)..177
    - Conceptos..177
    - Generación de un certificado digital...180
      - Creación del fichero que utilizará openssl para generar el certificado con la información que corresponda..180
      - Creación del fichero con la clave pública.................................181
      - Creación del certificado "local"...182
      - Autofirmar del certificado...185
      - Comprobar el certificado..186
      - Configuración del Webserver para que use el certificado generado..........189
- El servidor de correo sendmail...190
  - Conceptos..190
  - Configuración de un servidor de correo..191
  - Enmascaramiento..198
  - Cola de mensajes..198
  - Relay..199
- Sincronización horaria mediante NTP..200
- El sistema de impresión..203
  - PostScript..203

- Comandos relacionados con el sistema de impresión..................204
- SAMBA-CIFS..................207
- Shell script..................214
  - Intérpretes de comandos..................214
  - Modos de ejecutar un script..................216
  - Variables reservadas..................218
  - Funciones propias de la shell..................219
    - shift número..................219
    - expr..................221
    - test..................222
    - if..................224
    - case..................225
    - while..................226
    - until..................228
    - for..................229
    - break, continue y exit..................231
    - select..................232
    - Uso de arrays..................234
  - Funciones creadas por nosotros..................236
  - Guardar la información útil generada por un script..................240
- Sistemas de alta disponibilidad..................241
  - Conceptos..................241
  - ¿Qué es un cluster de aplicaciones?..................242
  - ¿Cómo es posible que dos servidores tengan acceso a los mismos discos de la torre? 243
  - Configuración de un cluster..................247
- Relación de comandos y otras particularidades entre los diferentes sistemas UNIX...253
- Uso de la memoria..................269

Parte 1

Conocimientos básicos de UNIX

Introducción

Historia de UNIX

Actualmente, UNIX es un sistema operativo multiusuario, multitarea, portable, con distintos intérpretes de comandos, multiprocesador, multicore, con compiladores propios, con entorno gráfico, entre otras muchas características que lo definen, según la organización *The Open Group*. Esta institución está formada por un grupo de empresas punteras en tecnología UNIX como HP o IBM entre otras, que se encargan de otorgar estándares en distintas ramas de la informática.

UNIX, es un derivado de lo que inicialmente se denominó UNICS (*Uniplexed Information and Computing System*). Este proyecto tenía como objetivo la creación de un sistema operativo simple, cuyo fruto fue la creación de UNICS, que finalmente acabó derivando en UNIX mediante un juego de palabras en el que no entraremos en detalle. Este sistema fue inventado en los años 60 por los laboratorios BELL de AT&T, a través de un equipo formado por Ken Thompson y Denis Ritchie entre otros. La primera versión del sistema fue escrita en lenguaje ensamblador, pero las necesidades de portabilidad a otras arquitecturas de hardware hicieron cambiar este lenguaje por *C*, mucho más amigable que el código maquina.

Durante las décadas de los 70 y 80, el sistema UNIX fue tomando popularidad entre distintas instituciones académicas mediante licencias distribuidas por sus creadores. Esto, unido a la facilidad que proporcionaba C para realizar modificaciones en el código fuente, propició su rápido desarrollo y, por lo tanto, su uso comercial. Actualmente, existen dos variantes de sistemas UNIX:

- La rama de AT&T, que se convertiría en el System V.
- La rama de Berkley o BSD, desarrollado por la universidad de California

Algunos de los sistemas UNIX que más se utilizan hoy en día, son los siguientes:

- **AIX**, Unix comercial basado en el *System V* desarrollado por *IBM* en febrero de 1990.
- **Sun Solaris**, Unix comercial basado en el *Sistema V* y en *BSD* desarrollado por *SUN Microsystems*.
- **HP-UX**, Unix comercial basado en *BSD* desarrollado por *Hewlett Packard* a partir de 1986.
- **Ultrix**, Unix comercial desarrollado por *DEC*.
- **IRIX**, Unix comercial desarrollado por *SGI*.
- **Unixware**, Unix comercial desarrollado por *Novell*.
- **Unix SCO**, Unix comercial basado en el *Sistema V* desarrollado por *Santa Cruz Operations* y *Hewlett Packard* a partir de 1979.
- **Tru64 UNIX**, Unix comercial desarrollado por *Compaq*.
- **Linux,** hay una gran variedad de distribuciones de Linux. Entre las más destacadas están: RedHat, Fedora, Suse, Debian, Ubuntu, Gentoo y Mandriva, aunque hay muchas más en el mercado y páginas WEB especializadas como http://distrowatch.com que proporcionan información sobre los distintos sistemas. Existen versiones de pago, gratuitas y gran variedad de software de muy buen nivel y totalmente gratuito.

¿Qué es un sistema informático?

Definición y conceptos

Un sistema informático es el conjunto de hardware, software y el equipo humano que puede interactuar con esta asociación.

El hardware son todos aquellos componentes físicos y electrónicos que forman parte del sistema informático global. Hay de diversos tipos y funcionalidades: desde los elementos básicos como la CPU, memoria, discos duros, teclado, monitor, etc. hasta los elementos de comunicación como routers, switches, firewalls y cableado, por citar sólo algunos de ellos.

De entre todos los componentes de hardware cabe destacar dos de ellos:

- La **CPU** (**C**entral **P**rocessing **U**nit) es el elemento más importante de un sistema informático. Podríamos decir que es el cerebro de un ordenador debido a que se encarga de realizar todos los cálculos matemáticos de las órdenes que recibe.
- La **memoria** es el dispositivo hardware en el que se pueden leer y escribir datos a los que accede el procesador (CPU) de una manera muy rápida. Todos los datos que contiene son temporales.

El software son todos aquellos programas capaces de utilizar el hardware para realizar tareas determinadas. Existe una gran variedad de programas: procesadores de textos, hojas de cálculo, planificadores de tareas, herramientas de dibujo, navegadores WEB, el propio sistema operativo, compiladores de código fuente para crear otros programas, etc.

Lo que ocurre desde que un usuario envía una orden hasta que ve su resultado da para escribir un libro completo de cada una de las partes que interactúan, lo cuál, no es nuestro objetivo, sin embargo, vamos a tratar de resumirlo con el siguiente esquema:

1. El usuario de una aplicación envía una orden, por ejemplo, desde el teclado.
2. Los datos asociados a la instrucción viajan a la memoria física de la computadora mediante un bus de datos.
3. El procesador accede a la memoria para recoger la información almacenada en

ella y, así, poder realizar los cálculos matemáticos asociados a la orden dada y enviar, mediante el bus de datos, el resultado al periférico correspondiente como, por ejemplo, a la pantalla o al disco duro para guardar algún fichero.

Los sistemas informáticos actuales utilizan el sistema binario para hacer todas sus operaciones.

El sistema binario

Los humanos estamos acostumbrados a utilizar el sistema decimal para representar cualquier cifra mediante los números que van del 0 al 9, sin embargo, en el sistema binario únicamente se utilizan el 0 y el 1, por ese motivo, también se denomina sistema lógico (sí/no).

Puesto que las computadoras funcionan con electricidad y han de poder resolver operaciones matemáticas, en un sistema lógico el 0 se produce con la ausencia de voltaje eléctrico, mientras que el 1 se da en la situación contraria.

A modo de curiosidad, comentar que este sistema existe desde antes de que se inventara la electricidad y proviene de la cultura hindú.

Operaciones con números binarios

Suma:

$0 + 0 = 0$
$0 + 1 = 1$
$1 + 0 = 1$
$1 + 1 = 10$ ← No es el número diez en decimal, sino el uno y el cero binarios

Resta:

0 – 0 = 0
1 – 0 = 1
1 – 1 = 0
0 – 1 = Se utiliza el sistema de arrastre como en el sistema decimal, es decir, tomando una unidad prestada de la posición siguiente.

Multiplicación:

0 x 0 = 0
0 x 1 = 0
1 x 0 = 0
1 x 1 = 1

División:

Es una resta recursiva.

Ejemplo:

```
101010 / 110
-110      111
 1010
 -110
  0110
  -110
   000
```

Conversión de binario a decimal

Cada dígito, de manera individual, se ha de multiplicar por dos elevado a la potencia "x", siendo "x" la posición del dígito empezando por la derecha y el cero el primero de los valores. Una vez hecho el cálculo con cada uno de los dígitos, se han de sumar todos los resultados obtenidos. Con un ejemplo se verá más claro:

Posición	3	2	1	0
Dígitos	1	0	1	1

1 x 2 elevado a la 0 = 1
1 x 2 elevado a la 1 = 2
0 x 2 elevado a la 2 = 0
1 x 2 elevado a la 3 = 8

El número resultante es la suma de todos los cálculos anteriores: 11

Conversión de decimal a binario

Se ha de dividir el número decimal en dos hasta que el resultado sea un número indivisible.

Ejemplo:

100|0
50 |0
25 |1   → 1, 25-1=24 y seguimos dividiendo por 2
12 |0
6 |0
3 |1
1 |1

Sistemas de numeración octal y hexadecimal

Hay otros sistemas numéricos que se utilizan con mucha frecuencia en el mundo de la informática. Son el octal y el hexadecimal. Sus cambios de base son los siguientes:

Número decimal	Representación binaria	Representación octal	Representación hexadecimal
0	0	0	0
1	1	1	1
2	10	2	2
3	11	3	3
4	100	4	4
5	101	5	5
6	110	6	6
7	111	7	7
8	1000	10	8
9	1001	11	9
10	1010	12	A (Valor decimal 10)
11	1011	13	B
12	1100	14	C
13	1101	15	D
14	1110	16	E
15	1111	17	F
16	10000	20	10

Cambio de binario a octal

Se divide el número binario de 12 dígitos en grupos de tres, y se asocia el valor octal de cada grupo:

```
100   011   010   001
 4     3     2     1
```

Cambio de binario a hexadecimal

Se divide el número binario en grupos de cuatro bits y se asocia su representación hexadecimal a cada grupo:

    1000   1101   0001
    8   D   1

Aprender a moverse por el sistema operativo

Introducción

Para poder comenzar a utilizar un sistema UNIX, es necesario disponer de una cuenta o usuario en el sistema operativo. Esta cuenta nos la ha de proporcionar el administrador del sistema, así como la manera en que nos tenemos que conectar a él, es decir, necesitamos:

- La IP del servidor: Es una dirección única que identifica el servidor al que nos queremos conectar dentro de una red.
- El tipo de conexión: Segura o no segura. Si el administrador nos indica que tenemos que acceder al servidor mediante una conexión NO segura, nos estará diciendo que tendremos que entrar mediante *telnet*. Si la conexión es segura, utilizaremos *ssh*. Una conexión segura significa que el tráfico de paquetes que hay circulando en la red entre nuestra computadora y el servidor remoto, se realiza de manera cifrada con el fin de prevenir el robo de información, como una contraseña, por ejemplo.
- El puerto de comunicaciones: Aunque no es lo habitual, por temas de seguridad, algunos administradores prefieren modificar el puerto de conexión estándar por uno personalizado.

Iniciar una sesión

Imaginemos que los datos que nos ha proporcionado nuestro administrador del sistema son los siguientes:

- IP del servidor: 7.2.1.144
- Tipo de conexión: Está habilitada tanto la segura como la no segura.
- Puerto de comunicaciones: Estándar
- Nombre de la cuenta: usuario1

Para poder conectarnos necesitaremos un software cliente que permita establecer la conexión con el servidor. Los comandos estándares de los sistemas UNIX son:

- NO secure connection: telnet IP_del_servidor_remoto. En nuestro caso, el comando a teclear sería *telnet 7.2.1.144*.
- Conexión segura: ssh -p puerto cuenta@IP_del_servidor_remoto. En nuestro caso, ejecutaríamos la instrucción *ssh 7.2.1.144* o *ssh usuario1@7.2.1.144* ó *ssh -l usuario 7.2.1.144*.

Si estamos accediendo, por ejemplo, desde un sistema Windows, también podremos teclear el comando *telnet* para la conexión no segura y una aplicación, como *SecureCRT* o *putty* para la segura. Una vez tecleado cualquiera de los dos comandos anteriores, el sistema nos pedirá el usuario y la contraseña que nos ha proporcionado el administrador.

Ejemplo:

[servidor1] usuario1:/home/usuario1 $ ssh root@servidor2
ssh-keysign not enabled in /opt/ssh/etc/ssh_config
ssh_keysign: no reply
key_sign failed
Password:
Last successful login for root: Thu Dec 4 10:04:33 MET-1METDST 2008 on pts/ta
Last unsuccessful login for root: Fri Nov 21 13:52:02 MET-1METDST 2008
Last login: Wed Dec 3 12:47:51 2008 from caiasp03
(c)Copyright 1983-2003 Hewlett-Packard Development Company, L.P.
(c)Copyright 1979, 1980, 1983, 1985-1993 The Regents of the Univ. of California
(c)Copyright 1980, 1984, 1986 Novell, Inc.

(c)Copyright 1986-2000 Sun Microsystems, Inc.
(c)Copyright 1985, 1986, 1988 Massachusetts Institute of Technology
(c)Copyright 1989-1993 The Open Software Foundation, Inc.
(c)Copyright 1990 Motorola, Inc.
(c)Copyright 1990, 1991, 1992 Cornell University
(c)Copyright 1989-1991 The University of Maryland
(c)Copyright 1988 Carnegie Mellon University
(c)Copyright 1991-2003 Mentat Inc.
(c)Copyright 1996 Morning Star Technologies, Inc.
(c)Copyright 1996 Progressive Systems, Inc.

                    RESTRICTED RIGHTS LEGEND
Use, duplication, or disclosure by the U.S. Government is subject to
restrictions as set forth in sub-paragraph (c)(1)(ii) of the Rights in
Technical Data and Computer Software clause in DFARS 252.227-7013.

                    Hewlett-Packard Company
                    3000 Hanover Street
                    Palo Alto, CA 94304 U.S.A.

Rights for non-DOD U.S. Government Departments and Agencies are as set
forth in FAR 52.227-19(c)(1,2).
You have mail.

Value of TERM has been set to "vt100".
WARNING: YOU ARE SUPERUSER !!

[servidor2] root:/root #

¿Cómo se ejecuta un comando?

Tenemos varias maneras de ejecutar comandos:

- Comando & → Ejecuta el comando en segundo plano. Más adelante, en el

capítulo "Comandos relacionados con los procesos", se explica ésta y otras maneras de ejecutar procesos en background.
- Comando1 ; Comando2; ComandoN → Ejecutamos todos los comandos separados por punto y coma. La ventaja que tiene es que lo hacemos en una sola línea. Es útil para no tener que esperar a tomar el control de la shell de nuevo para poder teclear la siguiente instrucción.
- Comando1 | Comando2 → La salida del primer comando es la entrada del segundo. Es muy útil en el uso con filtros, tal y como se verá en el capítulo "Comandos básicos relacionados con los filtros". El símbolo "|" se llama *pipe* o tubería.
- Comando1 `Comando2` → La salida del segundo comando, se utiliza como parámetro del primero.
- Comando1 && Comando2 → Si el primer comando acaba satisfactoriamente, se ejecutará el segundo.

Modificar la salida estándar de un comando

Por defecto, cuando se ejecuta una instrucción vemos su resultado por su salida estándar, es decir, si queremos ver los archivos que contiene un directorio, el comando *ls* nos los mostrará por pantalla, o si mandamos a imprimir un archivo, su salida estándar será la impresora, pero hay casos en que nos interesa modificar la salida estándar. Por poner un ejemplo sencillo, es posible que nos interese guardar la información del contenido de un directorio en un fichero en vez de ver el resultado por pantalla. A esto se le denomina redirección.

- Redireccionamiento de entrada: Obtenemos la información desde un archivo en vez de, por ejemplo, el teclado.

    Ejemplo:

    ➢ En vez de teclear el contenido de un correo electrónico, obtenemos el texto de un fichero ya escrito:

    mail < fichero.txt

- Redireccionamiento de salida: Enviamos la información obtenida con un comando a una salida diferente de la estándar.

Ejemplo:

> ➢ El fichero *contenido.txt* guarda la información que obtiene el comando *ls -la*. Esta información se vería en pantalla si no la hubiésemos redirigido:
>
> ls -la > contenido.txt
>
> ➢ El fichero *contenido.txt* también guarda la información obtenida por el comando *who*, pero la añade al final del fichero sin eliminar la información anterior:
>
> who >> contenido.txt

Una vez definidos los conceptos básicos para la ejecución de comandos, ya podemos comenzar con las prácticas.

Con el fin de poder construir y modificar los ejemplos que vienen en este libro, comenzaremos por explicar cómo se edita un fichero de texto.

Editar ficheros de texto

En los sistemas UNIX hay multitud de aplicaciones para editar textos que van desde las más complejas como Openoffice hasta las que se crearon durante el nacimiento de las primeras versiones UNIX, como *vi*. Este editor está instalado en todas las versiones de UNIX y por eso es el que se explicará a continuación.

El editor vi

En esta sección se explican las funcionalidades básicas del comando. Para ejecutarlo teclearemos *vi* o *vi NombreFichero*.

Una vez que estamos bajo el control de este software, podremos utilizar las siguientes instrucciones internas (algunas de ellas dependen de la versión del producto que tengamos instalado):

- ➢ Edición del texto

    i → Insertamos texto antes del cursor.
    I → Insertamos al principio de la línea.
    a → Insertamos después del cursor.
    A → Insertamos al final de la línea.
    R → Reemplazamos texto (sobrescribir).
    yy → Copia la línea actual y la inserta en la siguiente.

- ➢ Movimiento del cursor

    flechas → Nos movemos en distintas direcciones.
    h o BS → Nos movemos hacia la izquierda.
    l o SP → Nos movemos hacia la derecha.
    k o - → Vamos una línea hacia arriba.
    j o + → Vamos una línea hacia abajo.
    $ → Nos desplazamos al final de la línea actual.
    0 → Vamos al principio de la línea.
    11G → Vamos a la línea 11.
    Ctrl-G → Muestra el número de línea actual.
    w → Nos situamos en el comienzo de la palabra siguiente.
    e → Vamos al final de la palabra siguiente.
    b → El cursor se desplaza al principio de la palabra anterior.
    ^ → Nos situamos en la primera palabra de la línea.
    H → Vamos a la parte superior de la pantalla.
    L → Estamos en la parte inferior de la pantalla.

- ➢ Control de pantalla

    Ctrl-f → Avance de página.
    Ctrl-b → Retroceso de página.

➢ Borrar texto

x → Borramos el carácter donde estamos situados actualmente.
X (Backspace) → Borra caracteres hacia atrás.
dd → Borramos la línea actual.
D → Borramos desde el cursor hasta el final de la línea.
dw → Borramos desde el cursor hasta el final de la palabra actual.
d$ → Borramos desde el cursor hasta el final de la línea.
d0 → Borramos desde el cursor hasta el principio de la línea.

➢ Búsqueda

/*texto* → Buscamos hacia adelante.
?*texto* → Buscamos hacia atrás.
n → Repetimos la última búsqueda.

➢ Reemplazo

c → Reemplazamos caracteres.
r → Reemplaza un carácter.
cw → Igual que el anterior pero con palabras.
:<desde>,<hasta>s/<buscar>/<reemplazar>/g → Busca y reemplaza una palabra.

➢ Otros

J → La línea siguiente se une a la actual formando una única línea.
u → Deshace última acción.
ESC → Permite ejecutar los comandos internos de *vi*, saliendo del actual.
:q → Salimos de *vi* si no hemos hecho ninguna modificación.
:q! → Salimos sin guardar los cambios.
:w → Guardamos los cambios.
:w *fichero1* → Guardamos los cambios en el archivo *fichero1*.
:wq → Guardamos los cambios y salimos.
. (punto) → Repite la acción anterior.

Ejemplo de creación de un fichero de texto con *vi*:

1. Tecleamos el comando vi:

   ```
   [usuario1@rd00 ~]$ vi
   ```

2. Nos aparece la pantalla de edición de texto:

   ```
                        VIM - VI Mejorado

                         versión 7.3.56
                     por Bram Moolenaar et al.
                 Modificado por <bugzilla@redhat.com>
          Vim es código abierto y se puede distribuir libremente

                   ¡Ayude a los niños pobres de Uganda!
          escriba  «:help iccf<Intro>»     para más información

          escriba  «:q<Intro>»             para salir
          escriba  «:help<Intro>» o <F1>   para obtener ayuda
          escriba «:help version7<Intro>» para información de la versión


                                                          0,0-1         Todo
   ```

3. Presionamos la tecla "i" para insertar texto:

```
                        VIM - VI Mejorado

                           versión 7.3.56
                       por Bram Moolenaar et al.
                   Modificado por <bugzilla@redhat.com>
              Vim es código abierto y se puede distribuir libremente

                     ¡Ayude a los niños pobres de Uganda!
              escriba «:help iccf<Intro>»     para más información

              escriba «:q<Intro>»             para salir
              escriba «:help<Intro>» o <F1>   para obtener ayuda
              escriba «:help version7<Intro>» para información de la versión
```

`-- INSERTAR --`   0,1   Todo

4. Escribimos un mensaje de prueba:

```
Este es un mensaje de prueba.
```

`-- INSERTAR --`   1,30   Todo

5. Grabamos el documento mediante la combinación de teclas *w NombreFichero*.

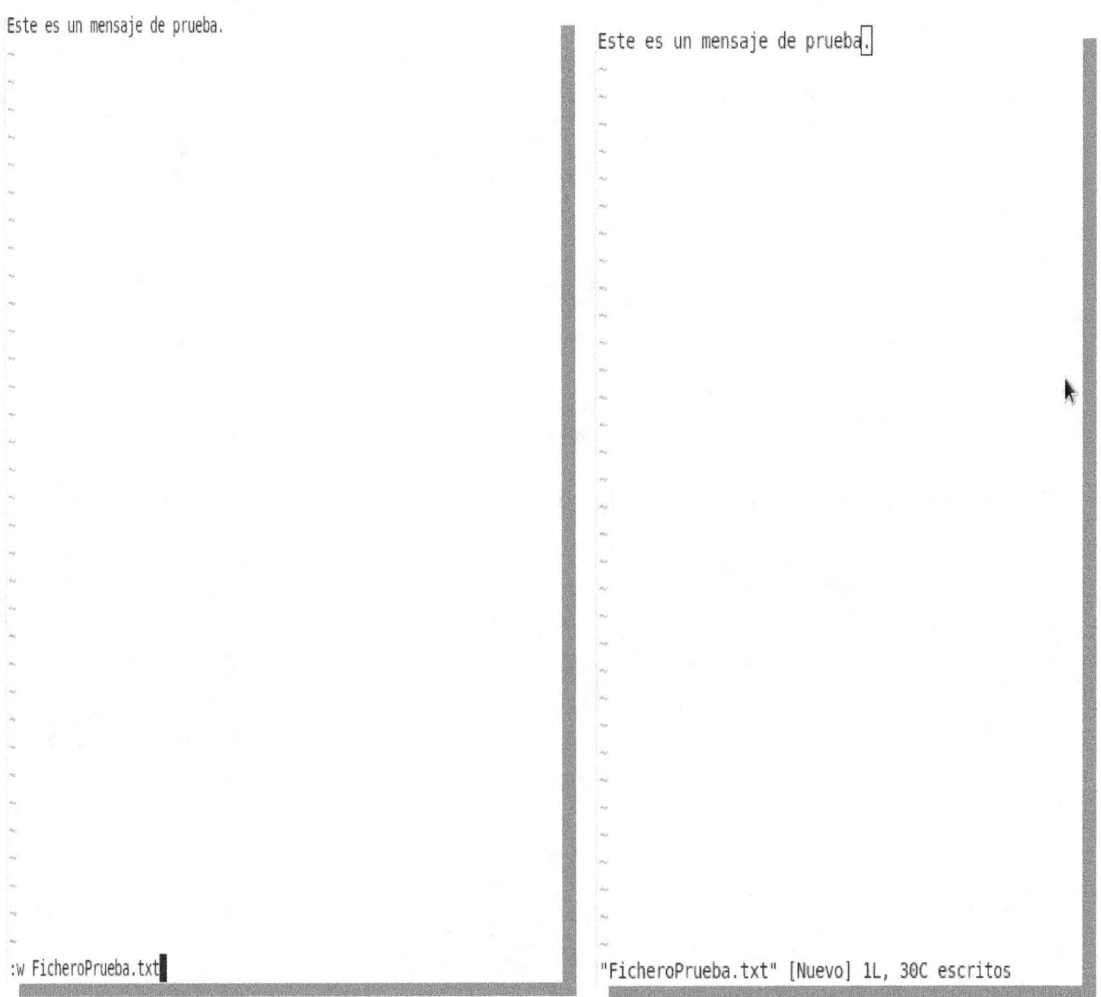

6. Presionamos la combinación de teclas *Shift A* para situarnos al final de la línea y seguir editando el fichero:

```
Este es un mensaje de prueba.
Segunda línea del fichero.[]
~
~
~
~
~
~
~
~
~
~
~
~
~
~
~
~
~
~
~
~
~
~
~
~
-- INSERTAR --                                    2,28-27    Todo
```

7. Grabamos y salimos de vi con la combinación de teclas *ESC : w q*

8. Ahora comprobamos que el fichero existe y contiene todo lo que hemos escrito:

>*[usuario1@rd00 ~]$ ls -la FicheroPrueba.txt*
>*-rw-rw-r-- 1 usuario1 usuario1 58 abr 16 17:20 FicheroPrueba.txt*
>*[usuario1@rd00 ~]$ cat FicheroPrueba.txt*
>*Este es un mensaje de prueba.*
>*Segunda línea del fichero.*
>*[usuario1@rd00 ~]$*

Comandos básicos relacionados con el sistema de archivos

El funcionamiento básico de UNIX se realiza mediante archivos. Los directorios, programas, impresoras, modems, etc. son tratados como archivos por los sistemas UNIX.

Cada sistema puede ser configurado de muchas maneras diferentes, pero existe una convención en cuanto a la información que se guarda y en qué lugar. Los directorios que podemos encontrar nada más instalar el sistema operativo son los siguientes:

- **/dev** → Contiene los archivos de dispositivos, como la ubicación de una impresora o de un disco duro.

- **/var** → El sistema y otras aplicaciones que instalemos guardarán información variable. Contiene los siguientes subdirectorios (pueden variar según el sistema que estemos utilizando):

  > **adm:** Información administrativa del sistema.
  > **lib:** Información del estado de aplicaciones.
  > **local:** Información variable del software de /usr/local.
  > **log:** Histórico del sistema – errores de sistema, hardware, mensajes informativos, etc. El demonio (daemon en inglés) syslogd ha de estar arrancado para que se guarden los logs en los ficheros indicados en el archivo *syslog.conf*.
  > **named:** Archivos DNS, sólo red.
  > **nis:** Archivos base de datos NIS.

run: Archivos relacionados a procesos en ejecución.
spool: Directorios de trabajos que están en la cola de espera para ser ejecutados.
tmp: Archivos temporales.

- **/usr** → Son los directorios de trabajo de los usuarios de sistema. Contiene los siguientes subdirectorios:

  X11Rx: Sistema X Window Version 11 release "x".
  bin: Programas no nativos de sistema.
  etc: Configuración del Sistema.
  include: Archivos *header* incluidos por programas C.
  lib: Librerías → LD_LIBRARY_PATH – Es la variable de entorno que contiene los PATHs de las librerías.
  local: El administrador del sistema añade su propia configuración local del sistema.
  man: Manuales de comandos.
  sbin: Binarios de administración del Sistema.
  src: Código fuente

- **/opt** → Se utiliza como directorio destino de las aplicaciones que instalemos. Este directorio también se puede encontrar dentro del /var a modo de subdirectorio.

- **/proc** → Almacena información acerca del sistema (modelo de CPU, módulos de kernel cargados, información sobre el uso de memoria, modelos de los dispositivos SCSI que tenemos instalados, etc.).

Antes de comenzar a teclear comandos, conviene saber que existe uno que nos va a ser de gran ayuda, incluso cuando seamos expertos administradores. Se trata de la instrucción *man [comando]*. Nos mostrará en pantalla una descripción detallada de cada comando y para qué sirve cada uno de sus parámetros.

Ejemplo de ayuda de la instrucción *ls*:

[usuario1@noname00 ~]$ man ls

LS(1)   User Commands   LS(1)

NAME
    ls - list directory contents

SYNOPSIS
    ls [OPTION]... [FILE]...

DESCRIPTION
    List information about the FILEs (the current directory by default). Sort entries alphabetically if none of -cftuvSUX nor --sort.
    Mandatory arguments to long options are mandatory for short options too.

    -a, --all
        do not ignore entries starting with .

    -A, --almost-all
        do not list implied . and ..

    --author
        with -l, print the author of each file

    -b, --escape
        print octal escapes for nongraphic characters

    --block-size=SIZE
        use SIZE-byte blocks

    -B, --ignore-backups
        do not list implied entries ending with ~

    -c   with -lt: sort by, and show, ctime (time of last modification of file status information) with -l: show ctime and sort by name otherwise: sort by
        ctime

    -C   list entries by columns

    --color[=WHEN]
        control whether color is used to distinguish file types. WHEN may be 'never', 'always', or 'auto'

-d, --directory
    list directory entries instead of contents, and do not dereference symbolic links

-D, --dired
    generate output designed for Emacs' dired mode

-f   do not sort, enable -aU, disable -ls --color

-F, --classify
    append indicator (one of */=>@|) to entries

--file-type
    likewise, except do not append '*'

--format=WORD
    across -x, commas -m, horizontal -x, long -l, single-column -1, verbose -l, vertical -C

--full-time
    like -l --time-style=full-iso

-g   like -l, but do not list owner

Las tareas básicas que un usuario necesita saber para moverse por el sistema son las siguientes:

Mirar los archivos que contiene un directorio

Para ello, utilizaremos el comando *ls*.

Ejemplo:

    [usuario1@noname00 ~]$ ls -la
    total 12
    drwx------ 4 usuario1 usuario1 88 oct 27 19:29 .

```
drwxr-xr-x 6 root     root      61 oct 27 19:29 ..
-rw-r--r-- 1 usuario1 usuario1  18 feb 29  2008 .bash_logout
-rw-r--r-- 1 usuario1 usuario1 176 feb 29  2008 .bash_profile
-rw-r--r-- 1 usuario1 usuario1 124 feb 29  2008 .bashrc
drwxr-xr-x 2 usuario1 usuario1   6 abr  6  2008 .gnome2
drwxr-xr-x 4 usuario1 usuario1  37 may 30 22:17 .mozilla
[usuario1@noname00 ~]$
```

Crear un directorio

Es una estructura del sistema de archivos que sirve para agrupar datos.

Ejemplo:

```
[usuario1@noname00 ~]$ mkdir contactos
[usuario1@noname00 ~]$ ls -l
total 0
drwxrwxr-x 2 usuario1 usuario1 6 oct 27 19:40 contactos
[usuario1@noname00 ~]$
```

Se pueden crear tantos directorios y subdirectorios como queramos.

Entrar y salir de un directorio

Ejemplo:

➢ Entrar

```
[usuario1@noname00 ~]$ cd contactos
[usuario1@noname00 contactos]$ ls
vocales.txt
[usuario1@noname00 contactos]$
```

- Salir

    [usuario1@noname00 contactos]$ cd ..
    [usuario1@noname00 ~]$

Saber en qué directorio estamos

Ejemplo:

    [usuario1@noname00 contactos]$ pwd
    /home/usuario1/contactos
    [usuario1@noname00 contactos]$

Sabiendo la ruta completa, podríamos utilizar el comando *cd* como c*d /home/usuario1/contactos*.

Visualizar el contenido de un fichero de texto

cat, more o *vi* son algunos los comandos dedicados a esta función.

Ejemplo:

    [usuario1@noname00 contactos]$ cat vocales.txt
    a, e, i, o, u
    [usuario1@noname00 contactos]$

Copiar un archivo a otro directorio

Ejemplo:

```
[usuario1@noname00 contactos]$ cp -p vocales.txt /home/usuario1/letras
[usuario1@noname00 contactos]$ ls /home/usuario1/letras/
vocales.txt
[usuario1@noname00 contactos]$
```

Con el parámetro *-p* conservamos los permisos originales del archivo y su fecha de creación.

Para hacerlo remotamente, es decir, de un sistema a otro tenemos el comando rcp. Este comando está en vías de extinción debido a que no utiliza una conexión segura. Para utilizarlo es necesario que esté arrancado el servicio rsh (/usr/bin/rsh) y que en el fichero $HOME/.rhosts del servidor de destino se incluya la IP **fija** del servidor origen, ya que es la IP por donde salen las comunicaciones desde el origen.

Ejemplo:

```
[usuario1@noname00 ~]$ rcp prueba.txt usuario2@servidor2:prueba.txt
```

Borrar un archivo

Ejemplo:

```
[usuario1@noname00 contactos]$ rm /home/usuario1/letras/vocales.txt
[usuario1@noname00 contactos]$ ls /home/usuario1/letras/
[usuario1@noname00 contactos]$
```

Mover y renombrar un archivo

Ejemplo:

- Mover

```
[usuario1@noname00 contactos]$ mv vocales.txt /home/usuario1/letras/
```

[usuario1@noname00 contactos]$ ls /home/usuario1/letras/
vocales.txt
[usuario1@noname00 contactos]$

- Renombrar

    [usuario1@noname00 contactos]$ cd ../letras/
    [usuario1@noname00 letras]$ mv vocales.txt vocales1.txt
    [usuario1@noname00 letras]$ ls -la
    total 4
    drwxrwxr-x 2 usuario1 usuario1 25 oct 27 20:01 .
    drwx------ 6 usuario1 usuario1 132 oct 27 19:57 ..
    -rw-rw-r-- 1 usuario1 usuario1 14 oct 27 19:50 vocales1.txt
    [usuario1@noname00 letras]$

Crear un enlace a un archivo

Un enlace permite acceder al archivo original con otro nombre o desde otra ruta.

- Ejemplo 1:

    [usuario1@noname00 letras]$ ls -la
    total 4
    drwxrwxr-x 2 usuario1 usuario1 43 oct 27 20:34 .
    drwx------ 6 usuario1 usuario1 132 oct 27 19:57 ..
    -rw-rw-r-- 1 usuario1 usuario1 14 oct 27 19:50 vocales1.txt
    lrwxrwxrwx 1 usuario1 usuario1 12 oct 27 20:34 vocales.txt -> vocales1.txt
    [usuario1@noname00 letras]$ cat vocales.txt
    a, e, i, o, u
    [usuario1@noname00 letras]$

- Ejemplo 2:

    [usuario1@noname00 otro_directorio]$ pwd
    /home/usuario1/otro_directorio
    [usuario1@noname00 otro_directorio]$ ln -s ../letras/vocales1.txt vocales.txt
    [usuario1@noname00 otro_directorio]$ ls -la
    total 0

```
drwxrwxr-x 2 usuario1 usuario1  24 oct 27 20:36 .
drwx------ 7 usuario1 usuario1 154 oct 27 20:35 ..
lrwxrwxrwx 1 usuario1 usuario1  22 oct 27 20:36 vocales.txt ->
../letras/vocales1.txt
[usuario1@noname00 otro_directorio]$ cat vocales.txt
a, e, i, o, u
[usuario1@noname00 otro_directorio]$
```

Sincronizar sistemas de archivos

Con *rsync* sincronizaremos sistemas de archivos (filesystems). Se utiliza de la siguiente manera:

```
rsync --delete --recursive --times -og --links --perms --hard-links\ /tmp/rsync/
root@servidor_remoto:/tmp/rsync
```

--delete: Elimina ficheros que existen en el destino pero no en el origen.
--recursive: Copia directorios de manera recursiva (todos sus subdirectorios).
--times: Envía la información de las fechas y horas de modificación de los ficheros.
-og: No modifica ni el usuario ni el grupo de los ficheros.
--links: Copia los enlaces.
--perms: Copia los permisos.
--hard-links: Copia los hard-links, siempre que estén dentro del diretorio que se está copiando.

Buscar un archivo

El comando *find* es el encargado de esta función. Podemos elegir entre multitud de criterios de búsqueda. Como hemos dicho anteriormente, el *man* nos facilitará la tarea de elegir los parámetros que necesitemos.

A continuación, se muestran algunos ejemplos de funcionamiento:

➢ Ejemplo de búsqueda por nombre:

[usuario1@noname00 ~]$ pwd
/home/usuario1
[usuario1@noname00 ~]$ find . -name voc*.txt -exec ls -la {} \;
-rw-rw-r-- 1 usuario1 usuario1 14 oct 27 19:50 ./letras/vocales1.txt
[usuario1@noname00 ~]$ cd letras/
[usuario1@noname00 letras]$ ll
total 4
-rw-rw-r-- 1 usuario1 usuario1 14 oct 27 19:50 vocales1.txt
[usuario1@noname00 letras]$

➢ Ejemplo de búsqueda por fecha:

El parámetro importante de este tipo de búsqueda, se llama mtime y funciona de la siguiente manera:

<u>-mtime 0</u>: Busca archivos modificados entre ahora y hace un día, es decir, en las últimas 24 horas.
<u>-mtime -1:</u> Busca archivos modificados hace menos de un día.
<u>-mtime 1:</u> Busca archivos modificados entre las últimas 24 y 48 horas.
<u>-mtime +1:</u> Busca archivos modificados desde hace más de 48 horas.
<u>-mmin +5 -mmin -10:</u> Busca archivos modificados entre los 6 y los 9 últimos minutos.

[usuario1@noname00 ~]$ find . -mtime +15
./.bash_profile
./.gnome2
./.bashrc
./.mozilla
./.mozilla/extensions
./.mozilla/plugins
./.bash_logout
[usuario1@noname00 ~]$

➢ Ejemplo de búsqueda por nombre, ficheros de menos de un día de creación o modificación, tamaño y que no revise otros filesystems montados por debajo del directorio indicado:

```
[usuario1@noname00 ~]$ find /home/usuario1/ -xdev -name ".v*" -mtime -1
-size +1 -exec ls -la {} \;
-rw------- 1 usuario1 usuario1 1342 oct 27 19:50 /home/usuario1/.viminfo
[usuario1@noname00 ~]$
```

- Ejemplo de búsqueda de texto dentro de un fichero:

  ```
  [usuario1@noname00 ~]$ find . -exec grep -l "Esto es un texto" {} \;
  ./texto.txt
  [usuario1@noname00 ~]$
  ```

  Con "egrep" filtraremos por más de una palabra. Por ejemplo, si queremos filtrar todas las líneas de un fichero que contengan las palabras "loss" y "Nov", ejecutaremos:

  ```
  [usuario1@noname00 ~]$ egrep "loss|Nov" PingTest.log |grep -v "0%" |more
  Thu Nov 18 01:54:00 MET 2010
  3 packets transmitted, 2 packets received, 33% packet loss
  Thu Nov 18 01:55:00 MET 2010
  ```

Empaquetar y desempaquetar un archivo en formato tar

Existen múltiples aplicaciones capaces de realizar esta función, sin embargo, *tar* es un estándar que puede agrupar archivos o directorios en un solo fichero resultante conservando exactamente las características de cada uno de los archivos y directorios que contiene.

Ejemplos:

- Empaquetar

  ```
  [usuario1@noname00 letras]$ tar cvf vocales1.tar vocales1.txt
  vocales1.txt
  [usuario1@noname00 letras]$ rm vocales1.txt
  [usuario1@noname00 letras]$ ls -l
  total 12
  ```

```
-rw-rw-r-- 1 usuario1 usuario1 10240 oct 27 20:13 vocales1.tar
[usuario1@noname00 letras]$
```

- Desempaquetar

```
[usuario1@noname00 letras]$ tar xvf vocales1.tar
vocales1.txt
[usuario1@noname00 letras]$ ls -l
total 16
-rw-rw-r-- 1 usuario1 usuario1 10240 oct 27 20:13 vocales1.tar
-rw-rw-r-- 1 usuario1 usuario1    14 oct 27 19:50 vocales1.txt
[usuario1@noname00 letras]$ cat vocales1.txt
a, e, i, o, u
[usuario1@noname00 letras]$
```

Comprimir y descomprimir un archivo

gzip es la aplicación por excelencia para comprimir y descomprimir archivos en los sistemas UNIX, aunque existen otras aplicaciones similares, como, por ejemplo, *compress* o *zip*.

Ejemplo:

- Comprimir

```
[usuario1@noname00 letras]$ gzip vocales1.tar
[usuario1@noname00 letras]$ ll
total 4
-rw-rw-r-- 1 usuario1 usuario1 153 oct 27 20:13 vocales1.tar.gz
[usuario1@noname00 letras]$
```

- Descomprimir

```
[usuario1@noname00 letras]$ gzip -d vocales1.tar.gz
[usuario1@noname00 letras]$ ll
total 12
```

```
-rw-rw-r-- 1 usuario1 usuario1 10240 oct 27 20:13 vocales1.tar
[usuario1@noname00 letras]$
```

Dependiendo de la versión de *tar* que tengamos, la podemos utilizar para descomprimir el *gzip* y desempaquetar el *tar* de una sola vez:

```
[usuario1@noname00 letras]$ tar xvzf vocales1.tar.gz
vocales1.txt
[usuario1@noname00 letras]$ ll
total 8
-rw-rw-r-- 1 usuario1 usuario1 153 oct 27 20:13 vocales1.tar.gz
-rw-rw-r-- 1 usuario1 usuario1  14 oct 27 19:50 vocales1.txt
[usuario1@noname00 letras]$
```

Conocer el espacio disponible en el directorio actual

Para saber si podemos copiar, mover o guardar un archivo en un directorio, es necesario saber si tenemos espacio disponible para ello. Lo averiguamos con el comando *df [directorio]*.

Ejemplo de uso del comando con el directorio actual:

```
[usuario1@noname00 ~]$ pwd
/home/usuario1
[usuario1@noname00 ~]$ df .
S.ficheros         Bloques de 1K    Usado    Dispon Uso% Montado en
/dev/mapper/vg00-lvhome
                   12277760         804860   11472900  7% /home
[usuario1@noname00 ~]$


[usuario1@noname00 ~]$ df -h /var
S.ficheros         Tamaño Usado  Disp Uso% Montado en
/dev/mapper/vg00-lvvar
                   12G    317M   12G  3% /var
[usuario1@noname00 ~]$
```

Averiguar cuales son los archivos y directorios que más ocupan

Existen varias maneras de conocer esta información:

Ejemplos:

- ¿Cuántos KB ocupa cada directorio?

    [root@noname00 ~]# du -k .
    8   ./.nautilus/metafiles
    24   ./.nautilus
    28   ./.VirtualBox
    4   ./vmware
    692   ./.gstreamer-0.10
    4   ./Videos
    8   ./.macromedia/Flash_Player/macromedia.com/support/flashplayer/sys/#es.mg40.mail.yahoo.com
    16   ./.macromedia/Flash_Player/macromedia.com/support/flashplayer/sys
    20   ./.macromedia/Flash_Player/macromedia.com/support/flashplayer
    24   ./.macromedia/Flash_Player/macromedia.com/support
    28   ./.macromedia/Flash_Player/macromedia.com

- ¿Cuántos KB ocupa el conjunto de los subdirectorios?

    [root@noname00 ~]# du -ks
    119416   .
    [root@noname00 ~]#

- ¿Cuáles son los 10 archivos que más ocupan?

    [root@noname00 ~]# find . -exec ls -la {} \; |sort -rnk5 |head -10
    -rw-r--r-- 1 root root 17725318 sep 27 20:30 ./scripts/backup_total2008-09-27.log
    -rw-r--r-- 1 root root 17725318 sep 27 20:30 backup_total2008-09-27.log
    -rw-r--r-- 1 root root 15212544 sep 29 23:07 urlclassifier3.sqlite

```
-rw-r--r-- 1 root root 15212544 sep 29 23:07
./.mozilla/firefox/hj9hcofv.default/urlclassifier3.sqlite
-rw------- 1 root root 4096008 ago 27 09:36 ./.wapi/shared_fileshare-noname00-
Linux-x86_64-40-11-0
-rw-------  1 root root 4096008 ago 27 09:36 shared_fileshare-noname00-Linux-
x86_64-40-11-0
-rw-r--r-- 1 root root  2037926 ago 27 09:14 XPC.mfasl
-rw-r--r-- 1 root root 2037926 ago 27 09:14
./.mozilla/firefox/hj9hcofv.default/XPC.mfasl
-rw-r--r-- 1 root root 1446620 oct  1 19:30 ./scripts/backup_total2008-10-
01.log.gz
-rw-r--r--  1 root root  1446620 oct  1 19:30 backup_total2008-10-01.log.gz
[root@noname00 ~]#
```

Saber qué procesos están utilizando un sistema de archivos

Una de las peculiaridades de los sistemas UNIX es que el espacio de un archivo se queda en uso hasta que el proceso del sistema que lo está utilizando no finaliza, incluso si el fichero se borra. En el caso de que veamos que el espacio disponible de un sistema de archivos vaya disminuyendo y no sepamos el motivo, podría ser porque alguna aplicación haya abierto un archivo, esté escribiendo en él, alguien lo haya borrado por error, pero la aplicación no haya liberado su espacio por no haber finalizado. Esto puede ser perfectamente una incidencia que provoque indisponibilidad del sistema o de una aplicación y necesitaríamos saber qué procesos están utilizando el sistema de archivos afectado para poder acabar con su ejecución y liberar el espacio. Se hace de la siguiente manera:

Ejemplo:

➢ En una sesión, abrimos un fichero de texto:

[usuario1@noname00 ~]$ vi prueba.txt

➢ Abrimos otra sesión y miramos qué procesos están usando el filesystem:

```
[usuario1@noname00 ~]$ /sbin/fuser /home/usuario1
/home/usuario1:     5694c 10469c 10612c
[usuario1@noname00 ~]$ ps -ef |grep 10612
usuario1 10612  5694  0 21:13 pts/0    00:00:00 vi prueba.txt
```

Sabemos que el proceso, cuyo identificador de sistema es 10612, corresponde al *vi* que hemos abierto en la primera sesión.

Hay otro comando más completo que, entre otras cosas, también contempla esta función. Se llama *lsof:*

```
[usuario1@noname00 ~]$ /usr/sbin/lsof /home/usuario1
COMMAND   PID   USER  FD   TYPE DEVICE SIZE  NODE NAME
bash     5694 usuario1 cwd   DIR  253,4 4096 25138 /home/usuario1
bash    10469 usuario1 cwd   DIR  253,4 4096 25138 /home/usuario1
vi      10612 usuario1 cwd   DIR  253,4 4096 25138 /home/usuario1
lsof    10662 usuario1 cwd   DIR  253,4 4096 25138 /home/usuario1
lsof    10663 usuario1 cwd   DIR  253,4 4096 25138 /home/usuario1
[usuario1@noname00 ~]$
```

Conocer de qué tipo es un archivo

Existen diferentes tipos de archivo, de texto, binarios, o específicos de alguna aplicación. El comando para averiguar esta información se llama *file*.

Ejemplo:

```
[usuario1@noname00 ficheros]$ file fichero.txt
fichero.txt: ASCII text
[usuario1@noname00 ficheros]$
```

Traducir a texto un fichero binario

El comando *strings* escribe en pantalla todos aquellos caracteres visibles de un fichero binario. Por ejemplo, en LVM (más adelante se explicará lo que es) se guarda la configuración de los discos que utiliza cada VG en un fichero binario no legible a simple vista, sin embargo, *strings* nos sacará la información de los discos utilizados:

```
[noname00] root:/root # strings /etc/lvmtab
/dev/vg00
/dev/dsk/c1t2d0
/dev/dsk/c2t0d0
/dev/dsk/c1t0d0
/dev/dsk/c2t2d0
```

Ejecutar una aplicación que utilice el modo gráfico

En el siguiente ejemplo utilizamos el comando *xclock*, que abre una ventana con un reloj en modo gráfico.

- Intentamos ejecutar la aplicación *xclock* sin éxito por no disponer de entorno gráfico con nuestro usuario:

    ```
    [root@noname00 ~]# su - usuario1
    [usuario1@noname00 ~]$ xclock
    No protocol specified
    Error: Can't open display: :0.0
    [usuario1@noname00 ~]$
    ```

- Cargamos la variable de entorno *DISPLAY* para exportar la pantalla a nuestro terminal y, así, poder ejecutar *xclock*:

    ```
    [usuario1@noname00 ~]$ exit
    logout
    [root@noname00 ~]# xhost +
    access control disabled, clients can connect from any host
    [root@noname00 ~]#
    [root@noname00 ~]# su - usuario1
    [usuario1@noname00 ~]$ export DISPLAY=:0.0
    [usuario1@noname00 ~]$ xclock
    ```

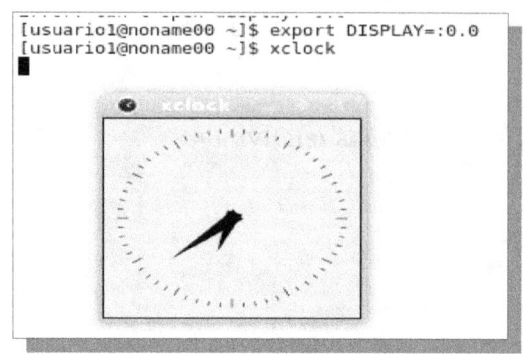

En el ejemplo anterior, hemos autorizado a que cualquier cliente pueda cargar una aplicación gráfica en remoto, mediante el comando "xhost+", sin embargo, esto puede ser un agujero de seguridad en nuestro sistema. Los creadores de los entornos gráficos, introdujeron dos sistemas de autorización para poder ejecutar aplicaciones gráficas desde un sistema en remoto. Estos sistemas de autorización se llaman *xhost* y *xauth*.

xhost

Permite cargar una aplicación gráfica si la IP que se está conectando al servidor está entre las autorizadas, si lo está, podremos cargar una aplicación gráfica en remoto, en caso contrario, se cierra la conexión.

Este sistema no es demasiado seguro, ya que en conexiones NAT tendremos más de un usuario utilizando la misma IP.

Ejemplos de uso:

- xhost +usuario1: Agrega el host del usuario "usuario1" a la lista de IPs autorizadas.
- xhost -usuario1: Deshabilita la autorización del host del usuario "usuario1".
- xhost+: Deshabilita el control de autorización y todos los clientes pueden conectarse.
- xhost -: Rehabilita el control por xhost.

XAuth

Este sistema es más seguro que el anterior, ya que permite conectarse a aquellos clientes que conocen un identificador secreto que el servidor gráfico guarda en memoria. A este identificador se le llama MIT-MAGIC-COOKIE.

A continuación, se muestra un ejemplo en el que se añade la autorización de una MAGIC-COOKIE de otro usuario del sistema a nuestro usuario:

- Nos loginamos al sistema con el usuario al que queremos autorizar.
- Mostramos su COOKIE.

    xauth list → "secaiasp01/unix:10   MIT-MAGIC-COOKIE-1 966985c2dcfefbc583cb745012c584b2"
    set | grep DISPL → "DISPLAY=localhost:10.0"

- Cambiamos al usuario autorizador, por ejemplo, usuario1 (su – usuario1).
- Añadimos la autorización:

    [usuario1@noname00 ~]$ xauth add secaiasp01/unix:10   MIT-MAGIC-COOKIE-1 966985c2dcfefbc583cb745012c584b2
    [usuario1@noname00 ~]$ export DISPLAY=localhost:10.0

Comandos básicos relacionados con los procesos

Un proceso es un trabajo que se está ejecutando en el sistema operativo junto a la estructura que se crea para que el programa pueda acceder a los recursos de hardware, como la CPU, la memoria y los dispositivos de entrada y salida (E/S).

En los sistemas UNIX, el kernel, o núcleo del sistema operativo, almacena una serie de información para su correcto funcionamiento:

- Identificadores de proceso, usuario y grupo propietario que lo ejecutó.
- Variables de entorno, directorio actual, librerías que necesita, etc.
- Información de entrada y salida (datos que ha de leer o escribir en un disco duro, por ejemplo).

- Estado del proceso (corriendo, inactivo, defunct...).
- Direcciones de memoria del proceso.

Un proceso puede ejecutarse varias veces al mismo tiempo o muchos procesos diferentes pueden estar corriendo a la vez. Por ejemplo, dos usuarios del sistema podrían lanzar correctamente la orden *find* a la vez, mientras otro usuario ejecuta el comando *vi*, y cada uno obtendría el resultado que espera. A esto se le llama multitarea. El sistema operativo es el encargado de administrar el tiempo de CPU a cada uno de los procesos con el fin de minimizar el tiempo de espera de cada uno de ellos y parecer que se han estado ejecutando al mismo tiempo. En los servidores con más de un core (núcleo del procesador) o más de un procesador, la multitarea es más eficaz al poder ejecutarse los distintos procesos en CPUs diferentes, es decir, es posible que dos procesos se estén ejecutando realmente al mismo tiempo, en vez de ir compartiendo la misma CPU en fracciones muy cortas de tiempo como ocurre en sistemas con un solo core (un procesador puede tener más de un core).

Process ID o PID: El sistema indica un identificador único a cada proceso.

Parent Proces ID o PPID: Un proceso de UNIX se crea invocando la función *fork* del sistema operativo, la cual, crea una copia idéntica del proceso que invoca, excepto que el nuevo tiene un PID diferente, el PPID del nuevo proceso es el PID del proceso original y se crea una estructura de consumo de CPU, memoria, etc. para el nuevo proceso. El PPID es el padre del PID.

User ID o UID: Corresponde al usuario del sistema operativo que lanzó el proceso.
Effective user ID EEUID: Indica si el proceso tiene permisos para acceder a archivos y a otros recursos del sistema.

GID y EGID: Hacen las mismas funciones que ID y EEUID pero para grupos de usuarios.

Un proceso *zombie* o *defunct* es aquel que ha completado su ejecución pero aún tiene una entrada en la tabla de procesos, permitiendo al que lo ha creado leer el estado de su salida. Como norma general, estos procesos no causan daño en el sistema, aunque siempre pueden haber excepciones.

A continuación se enumeran algunos de los comandos de sistema relacionados con los procesos:

Conocer los procesos que están corriendo en el sistema

Se utiliza el comando *ps*.

Conocer todos los procesos del sistema que se están ejecutando:
    ps -e
    ps -ef
    ps -eF
    ps -ely

Ver el árbol de procesos:

    ps -ejH
    ps axjf

Elegir las columnas que queremos que nos muestre el comando *ps*:

    ps -eo pid,tid,class,rtprio,ni,pri,psr,pcpu,stat,wchan:14,comm
    ps axo stat,euid,ruid,tty,tpgid,sess,pgrp,ppid,pid,pcpu,comm
    ps -eopid,tt,user,fname,tmout,f,wchan

Ejemplo:

```
[usuario1@noname00 ~]$ ps -fU root |more
UID      PID  PPID  C STIME     TTY  TIME      CMD
root     1    0     0 18:07     ?    00:00:00  /sbin/init
root     2    0     0 18:07     ?    00:00:00  [kthreadd]
root     3    2     0 18:07     ?    00:00:00  [migration/0]
root     4    2     0 18:07     ?    00:00:00  [ksoftirqd/0]
root     5    2     0 18:07     ?    00:00:00  [watchdog/0]
root     6    2     0 18:07     ?    00:00:00  [migration/1]

[usuario1@noname00 ~]$ ps -flU usuario1
F S UID        PID  PPID  C PRI  NI ADDR SZ    WCHAN  STIME TTY    TIME     CMD
4 S usuario1   5083 5082  0 80   0  -    22179 wait   11:45 pts/1  00:00:00 -bash
```

```
0 R usuario1  5118  5083  0  80   0 -  22134 -     11:45 pts/1    00:00:00 ps -f
[usuario1@noname00 ~]$
```

Las características más importantes que debemos saber sobre los procesos son:

    UID → Propietario del proceso.
    PID → ID del proceso.
    PPID → ID del proceso padre.
    C → Cantidad de recursos de CPU que el proceso ha utilizado recientemente. El *kernel* (núcleo del sistema operativo) utiliza esta información para establecer la prioridad.
    PRI → Prioridad del proceso.
    NI → Valor *nice*. Un valor positivo indica menor tiempo de CPU.
    STIME → Hora de comienzo del proceso.
    TTY → Terminal asociado al proceso.
    TIME → Tiempo de CPU asociado al proceso.
    CMD → Comando ejecutado.

Revisar el consumo de CPU y memoria de cada proceso

El comando *top* se encarga de mostrar con cierta regularidad, un informe de los procesos que se están ejecutando en el sistema y los ordena por consumo de CPU. Este comando es muy útil para conocer cual de ellos podría estar causando lentitud en el sistema.

También muestra estadísticas del consumo de memoria de sistema y de cada proceso, tal y como se muestra en la siguiente captura de pantalla.

```
[usuario1@noname00 ~]$ top

top - 06:48:22 up 40 min,  2 users,  load average: 0.08, 0.20, 0.22
Tasks: 177 total,   2 running, 175 sleeping,   0 stopped,   0 zombie
Cpu(s):  1.0%us,  0.3%sy,  0.0%ni, 98.7%id,  0.0%wa,  0.0%hi,  0.0%si,  0.0%st
Mem:   4064012k total,  1209544k used,  2854468k free,     4456k buffers
Swap:  4587512k total,        0k used,  4587512k free,   646508k cached

  PID USER      PR  NI  VIRT  RES  SHR S %CPU %MEM    TIME+  COMMAND
 3988 root      20   0  801m 146m  16m S  1.7  3.7  3:49.36  Xorg
 4762 usuario1  20   0 14840 1180  852 R  0.3  0.0  0:00.02  top
    1 root      20   0  4044  832  588 S  0.0  0.0  0:00.62  init
    2 root      15  -5     0    0    0 S  0.0  0.0  0:00.00  kthreadd
    3 root      RT  -5     0    0    0 S  0.0  0.0  0:00.00  migration/0
    4 root      15  -5     0    0    0 S  0.0  0.0  0:00.00  ksoftirqd/0
    5 root      RT  -5     0    0    0 S  0.0  0.0  0:00.00  watchdog/0
    6 root      RT  -5     0    0    0 S  0.0  0.0  0:00.00  migration/1
    7 root      15  -5     0    0    0 S  0.0  0.0  0:00.07  ksoftirqd/1
```

Si lo que queremos es saber qué procesos consumen más memoria, la siguiente instrucción nos los ordenará, de mayor a menor y por su consumo en KB:

[usuario1@noname00 ~]$ UNIX95= ps -e -o vsz=Kbytes -o ruser -o pid,args=Command-Line | sort -rnk1 | more
811436 David   4643 /usr/lib64/openoffice.org/program/swriter.bin -writer
538452 root   3522 /usr/lib/vmware/webAccess/java/jre1.5.0_15/bin/webAccess
-client -Xmx64m -XX:MinHeapFreeRatio=30 -XX:MaxHeapFreeRatio=30
-Djava.util.logging.manager=org.apach
e.juli.ClassLoaderLogManager
-Djava.endorsed.dirs=/usr/lib/vmware/webAccess/tomcat/apache-tomcat-
6.0.16/common/endorsed -classpath /usr/lib/vmware/webAccess/tomcat/apache-tomcat-
6.
0.16/bin/bootstrap.jar:/usr/lib/vmware/webAccess/tomcat/apache-tomcat-
6.0.16/bin/commons-logging-api.jar
-Dcatalina.base=/usr/lib/vmware/webAccess/tomcat/apache-tomcat-6.0.16 -Dcat
alina.home=/usr/lib/vmware/webAccess/tomcat/apache-tomcat-6.0.16
-Djava.io.tmpdir=/usr/lib/vmware/webAccess/tomcat/apache-tomcat-6.0.16/temp
org.apache.catalina.startup.Bootstrap s
tart
502896 David   4186 nautilus --no-default-window --sm-client-id default3
411172 David   4155 /usr/libexec/gnome-settings-daemon
365304 David   4660 gnome-terminal

346604 David   4262 /usr/libexec/clock-applet --oaf-activate-
iid=OAFIID:GNOME_ClockApplet_Factory –oaf-ior-fd=29

Forzar la finalización de un proceso

Mataremos un proceso cuando detectemos una anomalía en su funcionamiento o esté causando alguna incidencia en el sistema. El comando que realiza esta función es *kill* y se encarga de enviar una señal a un proceso como, por ejemplo, *SIGKILL*. Algunas de las señales más interesantes son las siguientes:

Número de señal	Nombre	Función
0	Salida a la shell	Se da al finalizar la ejecución de un script
1	SIGHUP	Es enviada a todos los procesos asociados a un mismo terminal cuando éste termina su conexión. Su acción es la de terminar todos los procesos de la sesión.
2	SIGINT	Es enviada cuando se pulsa la tecla de interrupción *Control-C*.
3	SIGQUIT	Deja un *dump* para ser analizado (*Control-4*).
4	SIGILL	Se envía cuando el hardware detecta una instrucción ilegal. Su acción es terminar el proceso y generar un *dump*.
6	SIGIOT	Fallo de hardware.
8	SIGFPE	Error de coma flotante.
9	SIGKILL	Fuerza la finalización del proceso.
10	SIGBUS	Se produce cuando un proceso intenta acceder a una zona de memoria errónea.
11	SIGSEGV	Violación de segmento de memoria.
13	SIGPIPE	Intento de escritura en una tubería en la

			cual no hay nadie leyendo.
14		SIGALARM	Se envía a un proceso cuando alguno de sus temporizadores llega a 0.
15		SIGTERM	Indica a un proceso que debe terminar su ejecución de manera ordenada. Puede ser ignorada.
16, 17		SIGUSR1, SIGUSR2	Reservadas al usuario.
18		SIGCLD	Se envía al padre de un proceso si éste muere.
19		SIGPWR	Fallo de alimentación.

Con el parámetro *-l* veremos todas las señales que se pueden enviar a un proceso.

Ejemplo:

> Abrimos una sesión y ejecutamos el comando *vi*, que luego mataremos.
>
> [usuario1@noname00 ~]$ vi fichero.txt

> Abrimos otra sesión y buscamos el PID del proceso *vi*
> [usuario1@noname00 ~]$ ps -U usuario1
>   PID TTY   TIME CMD
> 4728 pts/0   00:00:00 bash
> 4962 pts/1   00:00:00 bash
> **4997 pts/0   00:00:00 vi**
> 5000 pts/1   00:00:00 ps
> [usuario1@noname00 ~]$

> Matamos el proceso enviándole la señal 9 a su PID:
> [usuario1@noname00 ~]$ kill -9 4997
> [usuario1@noname00 ~]$

> Vamos a la sesión donde habíamos ejecutado el comando y nos encontramos con el siguiente mensaje:
>
> Terminado (killed)
> [usuario1@noname00 ~]$

Capturar la señal de finalización de un proceso

Es útil para saber si el proceso ha terminado de forma anómala.
Ejemplo:
>[usuario1@noname00 scripts]$ ./trap.sh
>Capturador de señales:
>^Cseñal SIGINT recibida

El mensaje *señal SIGINT recibida* lo vemos al presionar Control-C (señal 2).

El código fuente del programa es:

>[usuario1@noname00 scripts]$ cat trap.sh
>#!/bin/sh
>
>[usuario1@noname00 scripts]$ cat trap.sh
>#!/bin/sh
>
>echo Capturador de señales:
>trap 'echo señal SIGNINT recibida' 2;
>
>while true
>do
>
>   :
>
>done
>[usuario1@noname00 scripts]$

Modificar la prioridad de ejecución de un proceso

La prioridad de uso de CPU de un proceso se evalúa del 1 al 19, siendo la 19 la más penalizada. Por defecto, un proceso tiene prioridad 10 cuando se ejecuta, pero podemos lanzarlo con una prioridad diferente a través del comando *nice*.

Ejemplo:

> nice -8 Nombre_del_programa &
>
> [usuario1@noname00 ~]$ nice -8 vi
> Fijémonos en la columna *NI* del proceso *vi*:

```
[usuario1@noname00 ~]$ ps -flU usuario1
F S UID        PID  PPID  C PRI  NI ADDR SZ WCHAN  STIME TTY      TIME CMD
4 R usuario1  4962  4961  0  80   0 - 22179 -      07:20 pts/1    00:00:00 -bash
4 S usuario1  5924  5923  0  80   0 - 22179 wait   08:01 pts/0    00:00:00 -bash
0 S usuario1  5981  5924  0  88   8 - 24238 select 08:03 pts/0    00:00:00 vi
0 R usuario1  5982  4962  0  80   0 - 22134 -      08:04 pts/1    00:00:00 ps -flU usuario1
[usuario1@noname00 ~]$
```

Una vez lanzado el proceso, con el usuario *root*, podremos modificar su prioridad mediante el comando *renice*. Ejemplo:

> [root@noname00 ~]# renice -n 20 20699
> 20699: old priority 4, new priority 20
>
> [root@noname00 ~]#

Conocer el tiempo de ejecución de un proceso

time ejecuta el comando que se le pasa como argumento y, al finalizar, saca estadísticas del tiempo real que ha tardado en ejecutarse (real), el tiempo de CPU de usuario (user) y el tiempo de CPU que el sistema ha empleado para poder ejecutarlo (sys).
Ejemplo:

> [usuario1@noname00 ~]$ time ls
> contactos letras nohup.out otro_directorio scripts
>
> real   0m0.024s
> user   0m0.000s
> sys   0m0.003s
> [usuario1@noname00 ~]$

Lanzar procesos en background

Los procesos en background (o en segundo plano) son aquellos que al ejecutarse liberan la shell para permitirnos lanzar otros trabajos mientras el primero sigue en marcha.
Para ejecutar un proceso en background, seguiremos la sintaxis *Nombre del proceso &*.

Ejemplo:

>   [usuario1@noname00 ~]$ ls > prueba.txt &
>   [1] 8788
>   [usuario1@noname00 ~]$ ps -ef |grep 8788
>   usuario1 8790 8754 2 10:05 pts/0   00:00:00 grep 8788
>   [1]+ Done   ls --color=auto > prueba.txt
>   [usuario1@noname00 ~]$ cat prueba.txt
>   contactos
>   letras
>   otro_directorio
>   prueba.txt
>   [usuario1@noname00 ~]$

Mientras estaba en marcha el comando *ls > prueba.txt &* teníamos la shell liberada para ejecutar *ps -ef |grep 8788*, aunque podríamos haber ejecutado cualquier otro proceso que hubiésemos querido. Con *cat*, vemos que el proceso anterior ha terminado correctamente, ya que muestra el resultado que esperábamos.
Hay otro comando llamado *nohup* que también sirve para lanzar procesos en segundo plano pero con la diferencia de que, aunque finalicemos nuestra sesión, el proceso seguirá en marcha hasta que termine. La prioridad del proceso se ve aumentada en 5. Es muy útil para lanzar tareas pesadas o que van a durar mucho tiempo.

Ejemplo:

>   [usuario1@noname00 ~]$ nohup ls -l > prueba.txt &
>   [1] 8796

El fichero *nohup.out* es el encargado de recoger información sobre el proceso lanzado por *nohup*. Es su salida estándar.

Planificación de tareas mediante cron

Todos los sistemas UNIX tienen un planificador de tareas llamado *cron* que se encarga de lanzar un proceso en el momento que le hayamos indicado en su fichero de configuración. Normalmente, los ficheros de planificación de tareas se guardan en /var/spool/cron/Nombre_de_usuario, pero no es necesario ir hasta allí para poder editar el fichero. Para eso está el comando *crontab*.

El planificador de tareas es muy útil para ejecutar trabajos a horas en que no podemos estar delante de la pantalla o cuando no sabemos la hora exacta a la que va a acabar un proceso para poder lanzar otro que necesita de la finalización del primero (a esto se le llama batch). Para verlo más claro, imaginemos que durante el día hay un departamento de Call Center que está utilizando una aplicación. Ésta, a su vez, necesita conectarse a una base de datos, cuya copia de seguridad está planificada de manera offline, es decir, se necesita parar la base de datos para poder hacer un backup. En este caso, necesitaríamos ejecutar el paro en un momento en que no haya nadie utilizando la aplicación, así que podríamos programar un trabajo que se ejecute de madrugada encargado de parar la base de datos, hacer la copia y arrancar la BD cuando esté listo el paso anterior.

Un ejemplo de planificación:

- Editamos el fichero de cron:

    [usuario1@noname00 ~]$ crontab -e

- Introduciremos las siguientes líneas:

    30 4 * * * copia_seguridad.sh > */dev/null 2>&1*

Lo que acabamos de hacer es ejecutar todos los días, a las 4:30 el trabajo *copia_seguridad.sh*. Crontab sigue la siguiente sintaxis:

minuto hora días mes días_semana comando

La instrucción "> /dev/null 2>&1" indica que tanto el script como los programas que invoca reenvía la salida a /dev/null.

Si queremos ejecutar un comando desde el minuto uno al cinco de cada hora, la sintaxis sería la siguiente:

1-5 * * * * copia_seguridad.sh > /dev/null 2>&1

Si, además, queremos que solamente se ejecute el sábado y el domingo, escribiremos:

1-5 * * * 6,0 copia_seguridad.sh > /dev/null 2>&1

siendo 6 el sábado y 0 el domingo. Esto puede variar según el sistema operativo. Para asegurarnos, lo mejor es revisar la ayuda del comando mediante *man crontab*.

Si el script configurado no se redirige a ningún log, hay que enviar su salida a "> /dev/null 2>&1", tal y como se puede observar en los ejemplos anteriores, de lo contrario se llenará la cola de mensajes de sendmail.

Otros parámetros de crontab:

crontab [-ledc] [archivo]

crontab archivo → Especifica el archivo de configuración.
-l → Vemos las tareas que tenemos planificadas.
-e → Editamos la planificación de tareas.
-d → Borramos el fichero de planificación.
-c dir → Define el directorio de crontabs.

Los ficheros /etc/cron.allow y cron.deny sirven para permitir o denegar la utilización de crontab a algunos usuarios. Se utilizan de la siguiente manera:

[root@noname00 etc]# cat /etc/cron.deny
daemon
bin
nuucp
listen
nobody
noaccess

[root@noname00 etc]#

Revisar los procesos que están ejecutando los usuarios conectados

Ejemplo:

```
[usuario1@noname00 ~]$ w
 19:11:30 up  2:12,  5 users,  load average: 1,92, 2,46, 2,98
USER     TTY      FROM          LOGIN@   IDLE   JCPU  PCPU WHAT
usuario1  tty7    :0            17:00   0.00s  15:19  0.12s gnome-session
usuario1  pts/0   :0.0          17:28  10:01    5:24  2:04  gnome-terminal
usuario1  pts/1   :0.0          19:06   3:42   0.01s  0.01s bash
usuario1  pts/3   :0.0          18:46   0.00s  0.02s  2:04  gnome-terminal
usuario1  pts/4   :0.0          19:05   2:35   0.02s  2:04  gnome-terminal
[usuario1@noname00 ~]$
```

Comandos básicos relacionados con los filtros

Si nos fijamos en algunos de los ejemplos que se han ido viendo hasta ahora, se han utilizado comandos como *grep* o *sort* mediante una *tubería (|)*. El objetivo era obtener el resultado parcial del primer comando, solamente con aquellos datos que nos interesaban, o sacar un resultado ordenado. Esto se consigue mediante el uso de filtros. Los hay de distintos tipos y funcionalidades:

Búsqueda de cadenas de texto

grep es el encargado de esta tarea.

Ejemplos:

Utilizaremos el fichero *nombres.txt* para enseñar distintos usos de *grep:*

```
[usuario1@noname00 ~]$ cat nombres.txt
David
Raquel
Silvia
Javi
Alberto
[usuario1@noname00 ~]$
```

➢ Queremos saber si existe el nombre Javi:

```
[usuario1@noname00 ~]$ grep Javi nombres.txt
Javi
[usuario1@noname00 ~]$
```

El resultado ha sido la palabra Javi, que es la que estábamos buscando, sin embargo, hemos escrito la palabra exactamente como estaba introducida en el fichero pero, ¿y si la hubiésemos escrito toda en mayúsculas?

```
[usuario1@noname00 ~]$ grep JAVI nombres.txt
[usuario1@noname00 ~]$
```

No habríamos encontrado nada.

➢ El siguiente ejemplo no tendrá en cuenta las mayúsculas o las minúsculas:

```
[usuario1@noname00 ~]$ grep -i jAVi nombres.txt
Javi
[usuario1@noname00 ~]$
```

➢ ¿Y en qué número de línea se encuentra la palabra Javi?

```
[usuario1@noname00 ~]$ grep -n Jav nombres.txt
4:Javi
[usuario1@noname00 ~]$
```

➢ Ahora nos interesa conocer todos los nombres del fichero, menos el de Javi. Para ello utilizaremos un parámetro de exclusión:

```
[usuario1@noname00 ~]$ grep -v Javi nombres.txt
David
Raquel
Silvia
Alberto
[usuario1@noname00 ~]$
```

También podríamos haber utilizado *-i* junto a *-v*:

```
[usuario1@noname00 ~]$ grep -iv JAVi nombres.txt
David
Raquel
Silvia
Alberto
[usuario1@noname00 ~]$
```

> *grep* también se puede utilizar con una tubería, es decir, podemos filtrar el texto de la salida de un comando.

```
[usuario1@noname00 ~]$ ls -la | grep -i Nombres
-rw-rw-r-- 1 usuario1 usuario1    32 nov  2 08:59 nombres.txt
[usuario1@noname00 ~]$
```

> Por último, mostraremos cómo saltarnos las líneas en blanco de un fichero de texto:

```
grep -v "^$" archivo.txt > archivo_nuevo.txt
```

Como siempre, recordar que la ayuda del comando mediante *man* puede contener otros parámetros acordes a nuestras necesidades.

Ordenar cadenas de texto

sort se utiliza para formatear la salida de un comando de manera ordenada

(alfabéticamente, numéricamente, por fechas...).
Ejemplos:

> Ordenamos alfabéticamente el fichero *nombres.txt*:
>> [usuario1@noname00 ~]$ sort -d nombres.txt
>> Alberto
>> David
>> Javi
>> Raquel
>> Silvia
>> [usuario1@noname00 ~]$

> Ordenamos, de mayor a menor, los ficheros por su tamaño:
>> [usuario1@noname00 ~]$ ls -la |sort -rnk5 -f
>> -rw------- 1 usuario1 usuario1 12288 oct 29 07:20 .fichero.txt.swp
>> -rw------- 1 usuario1 usuario1 5516 nov 2 09:41 .viminfo
>> -rw------- 1 usuario1 usuario1 5386 nov 1 10:09 .bash_history
>> drwx------ 5 usuario1 usuario1 4096 nov 2 09:41 .
>> -rw-r--r-- 1 usuario1 usuario1   176 feb 29 2008 .bash_profile
>> -rw-r--r-- 1 usuario1 usuario1   124 feb 29 2008 .bashrc
>> drwxr-xr-x 6 root   root   61 oct 27 19:29 ..
>> -rw------- 1 usuario1 usuario1   52 oct 31 19:01 .lesshst
>> drwxr-xr-x 4 usuario1 usuario1   37 may 30 22:17 .mozilla
>> -rw-rw-r-- 1 usuario1 usuario1   33 nov 2 09:41 nombres.txt
>> drwxrwxr-x 2 usuario1 usuario1   20 oct 31 18:49 scripts
>> -rw-r--r-- 1 usuario1 usuario1   18 feb 29 2008 .bash_logout
>> drwxr-xr-x 2 usuario1 usuario1   6 abr 6 2008 .gnome2
>> total 52
>> -rw-rw-r-- 1 usuario1 usuario1   0 oct 29 10:13 nohup.out
>> [usuario1@noname00 ~]$

Los parámetros utilizados en el ejemplo anterior son:

> r → Orden inverso (reverse).
> n → Orden numérico.
> k5 → La columna 5 de la salida del comando *ls -la* es la que se tiene que ordenar.

Si no queremos ver los ficheros que contengan la palabra bash, podríamos haber complementado este comando, con *grep* mediante una tubería:

```
[usuario1@noname00 ~]$ ls -la |grep -v bash| sort -rnk5 -f
-rw------- 1 usuario1 usuario1 12288 oct 29 07:20 .fichero.txt.swp
-rw------- 1 usuario1 usuario1  5516 nov  2 09:41 .viminfo
drwx------ 5 usuario1 usuario1  4096 nov  2 09:41 .
drwxr-xr-x 6 root     root        61 oct 27 19:29 ..
-rw------- 1 usuario1 usuario1    52 oct 31 19:01 .lesshst
drwxr-xr-x 4 usuario1 usuario1    37 may 30 22:17 .mozilla
-rw-rw-r-- 1 usuario1 usuario1    33 nov  2 09:41 nombres.txt
drwxrwxr-x 2 usuario1 usuario1    20 oct 31 18:49 scripts
drwxr-xr-x 2 usuario1 usuario1     6 abr  6  2008 .gnome2
total 52
-rw-rw-r-- 1 usuario1 usuario1     0 oct 29 10:13 nohup.out
[usuario1@noname00 ~]$
```

Eliminar las líneas repetidas de un texto

uniq elimina todos los campos repetidos menos uno (el primero).
Ejemplo:

> En el fichero *nombres.txt* añadimos al final *David* con el fin de tenerlo duplicado:

```
[usuario1@noname00 ~]$ cat nombres.txt
David
Raquel
Silvia
Javi
Alberto
David
[usuario1@noname00 ~]$
```

> Ordenamos el fichero eliminando los elementos repetidos y, además, queremos saber cuántas veces se ha encontrado un elemento:

```
[usuario1@noname00 ~]$ cat nombres.txt |sort -d |uniq -c
1 Alberto
2 David
1 Javi
1 Raquel
1 Silvia
[usuario1@noname00 ~]$
```

Contador de líneas, palabras y caracteres

El comando *wc* realiza ésta y otras funciones:

Ejemplos:

- Contamos el número de líneas del fichero *nombres.txt*:

    ```
    [usuario1@noname00 ~]$ wc -l nombres.txt
    5 nombres.txt
    [usuario1@noname00 ~]$
    ```

- Contamos el número de palabras que tiene el mismo fichero:
    ```
    [usuario1@noname00 ~]$ wc -w nombres.txt
    5 nombres.txt
    [usuario1@noname00 ~]$
    ```

- Contamos el número de ficheros que tenemos en el directorio actual:

    ```
    [usuario1@noname00 ~]$ ls -la |wc -l
    15
    [usuario1@noname00 ~]$
    ```

Cortar caracteres de una cadena de texto

A veces, la salida de un comando nos da demasiada información y únicamente necesitamos conocer un valor o un campo de todos esos datos que nos da. Para filtrar los valores deseados, podemos utilizar el comando *cut*.

Ejemplos:

> Tenemos el fichero *campos.txt* en el que se separa cada campo con el símbolo ":":

> [usuario1@noname00 ~]$ cat campos.txt
> campo1:campo2:campo3:campo4
> c1v1 :c1v2 :c1v3 :c1v4
> c2v1 :c2v2 :c2v3 :c2v4
> [usuario1@noname00 ~]$

> Queremos visualizar los campos 2 y 4:

> [usuario1@noname00 ~]$ cut -d ':' -f 2,4 campos.txt
> campo2:campo4
> c1v2 :c1v4
> c2v2 :c2v4
> [usuario1@noname00 ~]$

Con el parámetro *-d* hemos indicado que el carácter que separa los campos es ":" y con -f, indicamos los campos que queremos ver.

> Ahora tenemos otro fichero con el abecedario y queremos ver las letras de la 4 a la 14:

> [usuario1@noname00 ~]$ cut -c 4-14 abecedario.txt
> defghijklmn
> [usuario1@noname00 ~]$

Sustituir una cadena de texto por otra

La sintaxis del comando *sed* es la siguiente:

sed 's/cadena_original/cadena_nueva/' NombreFichero

Ejemplo:

```
[usuario1@noname00 ~]$ sed 's/Silvia/Laura/' nombres.txt
David
Raquel
Laura
Javi
Alberto
David
[usuario1@noname00 ~]$
```

Ver las primeras líneas de un texto

Con *head* veremos el número de líneas indicadas, comenzando por el inicio de un fichero o de un comando si lo hemos utilizado mediante un pipe.
Ejemplos:

```
[usuario1@noname00 ~]$ head -2 nombres.txt
David
Raquel
[usuario1@noname00 ~]$

[usuario1@noname00 ~]$ ls -la |head -6
total 68
drwx------ 5 usuario1 usuario1  4096 nov  2 12:32 .
drwxr-xr-x 6 root     root        61 oct 27 19:29 ..
-rw-rw-r-- 1 usuario1 usuario1    23 nov  2 10:37 abecedario.txt
-rw------- 1 usuario1 usuario1  7115 nov  2 12:32 .bash_history
-rw-r--r-- 1 usuario1 usuario1    18 feb 29  2008 .bash_logout
[usuario1@noname00 ~]$
```

Ver las últimas líneas de un texto

tail actúa igual que *head* pero en vez de mostrar las primeras líneas de un texto, muestra las últimas.

Comparar el contenido de dos archivos de texto

Con *diff* podremos saber si dos archivos de texto son exactamente iguales o hay alguna diferencia entre ellos.

Ejemplo:

- ➢ Copiamos el fichero *nombres.txt* a *nombres2.txt* y en cada uno de los ficheros añadimos un nombre diferente al final. Ambos ficheros quedarían de la siguiente manera:

    [usuario1@noname00 ~]$ cat nombres.txt
    David
    Raquel
    Silvia
    Javi
    Alberto
    Marcos

    [usuario1@noname00 ~]$ cat nombres2.txt
    David
    Raquel
    Silvia
    Javi
    Alberto
    Pepe
    [usuario1@noname00 ~]$

- ➢ Revisamos las diferencias existentes entre los dos archivos:

    [usuario1@noname00 ~]$ diff nombres.txt nombres2.txt
    6c6
    < Marcos

    > Pepe

[usuario1@noname00 ~]$

Se detecta que la línea número seis es diferente.
El comando *comm* también compara dos ficheros:
  [usuario1@noname00 ~]$ comm nombres.txt nombres2.txt
    David
    Raquel
    Silvia
    Javi
    Alberto
Marcos
  Pepe
[usuario1@noname00 ~]$

Parte 2

Conocimientos de UNIX a nivel de administrador

Administración de los sistemas UNIX

Introducción

Todos los conocimientos que hemos ido adquiriendo hasta ahora están enfocados a un usuario que no necesita saber cómo se administra un sistema UNIX. Un administrador se encarga de instalar el sistema operativo, crear usuarios, grupos, políticas de seguridad, configurar las interfaces de red, solicitar permisos de acceso a puertos a los administradores de comunicaciones, redimensionar bien los filesystems, configuraciones de impresora, dar de alta cuentas de FTP y SFTP, mantenimiento del servidor, configuraciones de alta disponibilidad y contingencia, revisión de errores de hardware y crashes del sistema, instalación de software, soporte a usuarios y desarrolladores, revisión del rendimiento del sistema y muchas cosas más.

Todo esto es lo que veremos a partir de ahora.

¿Qué ocurre durante el arranque del sistema operativo?

Un administrador debe conocer las fases de arranque de un sistema UNIX con el fin de poder resolver o intuir el motivo de alguna incidencia que se produzca durante esta fase o para personalizar la manera en que se arranca y se para el sistema.

Lo primero que ocurre durante el arranque, es la comprobación del correcto funcionamiento del hardware. Si todo está bien, se leerá el sector de arranque para cargar el *kernel* (núcleo del sistema operativo) en memoria. Seguidamente, se procede a cargar el sistema operativo y se ejecuta el comando *init* para inicializar los procesos configurados en el fichero inittab (si usamos un sistema derivado de System V), como arrancar el sistema en modo multiusuario, montar filesystems, definir el hostname, arranque de servicios, etc. para, finalmente, poder acceder a la consola o abrir una conexión local o remota al sistema.

Por lo general, inittab lo encontraremos en el directorio /etc.

inittab y los niveles de ejecución

El sistema operativo puede arrancar en distintos estados. A esto se le llama nivel de ejecución y pueden ser diferentes según el tipo de sistema UNIX que estemos utilizando. Por ejemplo, los niveles de ejecución de un HP-UX pueden ser distintos a los de un Solaris o a los de un RedHat.

Ejemplo:

Niveles de ejecución de un RedHat	
Nivel de ejecución	Descripción
0	Detener
1	Modo monousuario
2	Modo multiusuario sin NFS (Network Filesystem)
3	Modo multiusuario completo
4	No utilizado
5	Modo gráfico (X11)
6	Reiniciar

Niveles de ejecución de un Solaris	
Nivel de ejecución	Descripción

0	Modo PROM. Se utiliza para apagar el sistema o para llevar a cabo alguna función en modo PROM (mantenimiento de hardware).
S	Modo monousuario. Se montan el número mínimo de sistemas de archivos y se arrancan los servicios mínimos.
1	Modo monousuario administrativo. Se montan todos los sistemas de archivos y los sistemas mínimos.
2	Modo multiusuario sin servicios de red.
3	Se arrancan todos los servicios.
4	Reservado a la personalización del administrador del sistema.
5	Estado de firmware. Sólo hay acceso en modo consola.
6	Sistema operativo detenido.

Los niveles de ejecución soportados por nuestro sistema operativo suelen estar descritos y comentados en el fichero *inittab*:

```
# Default runlevel. The runlevels used are:
# 0 - halt (Do NOT set initdefault to this)
# 1 - Single user mode
# 2 - Multiuser, without NFS (The same as 3, if you do not have networking)
# 3 - Full multiuser mode
# 4 - unused
# 5 - X11
# 6 - reboot (Do NOT set initdefault to this)
```

Para saber en qué nivel de ejecución ha arrancado el sistema, basta con teclear alguno de los siguientes comandos:

```
[root@noname00 ~]# runlevel
N 5
[root@noname00 ~]#

[root@noname00 ~]# who -r
   `run-level' 5 2008-11-03 07:18
[root@noname00 ~]#
```

Si queremos cambiar el nivel de ejecución del sistema, teclearemos *init Número del nivel de ejecución* con el usuario *root*. En los entornos de producción, esto nunca se debe hacer durante el horario en el que se presta el servicio, de lo contrario, los usuario podrían verse perjudicados al dejar de funcionar las aplicaciones que utilizan en el servidor.

Si nos fijamos en la configuración de *inittab*, veremos que, dependiendo del nivel de ejecución con el que arranquemos el sistema, se llaman a unos scripts o a otros. Estos programas están ubicados en los directorios /etc/rc*. Los scripts que comienzan por "S" se ejecutan durante el arranque (start), mientras que los que empiezan por "K", se ejecutan durante el apagado (kill).

La sintaxis de *inittab* es la siguiente:

    id:nivel:acción:procesos

- **id** → Es una secuencia única de uno a cuatro caracteres que identifica una entrada en este fichero.
- **nivel** → Corresponde al nivel de ejecución.
- **acción** → Indica cómo ejecutar el proceso descrito en el campo que viene a continuación. Hay diferentes tipos de acción:

    - <u>**respawn:**</u> Arranca el proceso si no está en marcha. Si el proceso muere, lo vuelve a arrancar. Se continúa con la siguiente línea de inittab antes de que termine de arrancar el proceso.
    - <u>**wait:**</u> Se arranca el proceso y se espera a que termine de arrancar antes de continuar con la siguiente línea.
    - <u>**boot:**</u> El proceso se ejecuta durante el arranque del sistema. Si muere, no se vuelve a arrancar. *init* continúa con la siguiente línea aunque el proceso todavía no haya terminado de arrancar.
    - <u>**bootwait:**</u> Igual que el anterior con la diferencia de que se espera a que el proceso termine de arrancar.
    - <u>**powerfail:**</u> Se ejecuta al recibir la señal de fallo de alimentación.
    - <u>**powerwait:**</u> Igual que el anterior pero se espera a que el proceso termine de arrancar.
    - <u>**off:**</u> Si el proceso está en marcha, *init* le enviará una señal para finalizar su ejecución y a los veinte segundos lo matará si todavía continúa.
    - <u>**initdefault:**</u> Indica el nivel de ejecución por defecto.

Administración de usuarios y grupos

Conceptos

El usuario *root* existe en todos los sistemas UNIX y tiene privilegios para hacer cualquier cosa en el sistema operativo. Es el administrador del sistema. Por ese motivo, su contraseña debe ser complicada y se han de activar todos los mecanismos de seguridad para proteger esta cuenta, de lo contrario, nuestro sistema sería vulnerable a un ataque y podríamos ser víctimas del robo de información o pérdida de datos. Su UID siempre es 0:

```
[root@noname00 ~]# id
uid=0(root) gid=0(root)
grupos=0(root),1(bin),2(daemon),3(sys),4(adm),6(disk),10(wheel)
[root@noname00 ~]
```

En los sistemas UNIX, cada archivo o directorio tiene permisos de lectura, escritura y ejecución para el usuario, grupo al que pertenece y el resto de usuarios. De esta manera, evitamos que cualquier usuario pueda modificar, ejecutar o leer cualquier información a la que no debería tener acceso. Para identificar los permisos de un archivo, basta con teclear la orden *ls -l* archivo, tal y como se muestra a continuación:

```
[usuario1@noname00 scripts]$ ls -l script.sh
-rwxr-x--- 1 usuario1 usuario1 7 nov  3 16:10 script.sh
[usuario1@noname00 scripts]$
```

Si nos fijamos en el primer campo que muestra la salida del comando, nos encontramos con que el usuario propietario del archivo tiene privilegios de lectura, escritura y ejecución, el grupo al que pertenece puede leer y ejecutar el script, y el resto de usuarios no pueden hacer nada con este archivo. Además, vemos que el propietario del archivo es el usuario *usuario1* y el grupo tiene el mismo nombre. Toda esta información la sacamos de la siguiente manera:

- El valor del primer campo es: -rwxr-x---
- De izquierda a derecha, el segundo, tercer y cuarto carácter (rwx) indican los privilegios para el usuario propietario del archivo.
- Los tres caracteres siguientes (r-x) son los permisos asignados al grupo al que pertenece el archivo.
- Y los tres últimos (---) hacen referencia a los permisos del resto de usuarios.
- El privilegio "r" significa que está permitida la lectura del archivo (read).
- El privilegio "w" permite la escritura del mismo (write).
- La "x" permite ejecutarlo (execute).
- El símbolo menos ("-") muestra la ausencia de permisos.
- El primer "usuario1" es el usuario del sistema propietario del archivo.
- El segundo "usuario1" es el grupo del sistema al que pertenece el fichero.

Todavía nos falta saber qué significa el primer carácter ("-"). Si en vez del símbolo menos viésemos la letra *d*, indicaría que es un directorio y si viésemos la letra *l*, sabríamos que se trata de un enlace a otro archivo o a otro directorio. El símbolo menos significa que es un archivo normal y corriente.

Añadir un grupo al sistema

groupadd (o *addgroup* en otros sistemas) es el comando destinado a esta función. Con el parámetro *-g* asignamos manualmente un identificador de grupo, el cual, debe ser único.

Ejemplo:

    [root@noname00 /]# groupadd -g 601 usuario1
    [root@noname00 /]#

Al obtener el prompt del sistema, ya habremos añadido el grupo y la información quedará reflejada en el fichero */etc/group*:

    [root@noname00 /]# grep usuario1 /etc/group

usuario1:x:601:
[root@noname00 /]#

Crear una cuenta de usuario

useradd (o *adduser* en algunos sistemas) permitirá añadir nuevos usuarios.

Ejemplo:

[root@noname00 /]# useradd -c "Mi primer usuario" -d /home/usuario1 -g 601 -u 601 usuario1

Los parámetros utilizados en el ejemplo anterior sirven para:

-c → Añade un comentario o descripción al usuario.
-d → Indicamos el directorio de trabajo de la nueva cuenta.
-g → Se asigna el grupo al que pertenece el usuario.
-u → Se asigna un identificador único.
usuario1 → Es el nombre de la cuenta.

Comprobamos que la información se ha guardado correctamente en el fichero *passwd*:

[root@noname00 /]# cat /etc/passwd |grep usuario1
usuario1:x:601:601:Mi primer usuario:/home/usuario1:/bin/bash
[root@noname00 /]#

Según el sistema de encriptación que estemos utilizando, la contraseña cifrada podría guardarse, por ejemplo, en el fichero *shadow*. Hay otros sistemas de protección de contraseñas de usuarios como, por ejemplo, el *Trusted System* de HP pero, por ahora, nos basta con saber que la contraseña no está a la vista de cualquiera.

Eliminar un usuario

Lo haremos con el comando *userdel*.

Ejemplo:

> [root@noname00 /]# userdel -r usuario1

La orden anterior ha eliminado la cuenta del sistema, incluyendo su directorio de trabajo.

Eliminar un grupo

Con *groupdel Nombre_del_grupo* borraremos un grupo.

Modificar la contraseña de un usuario

Si somos el usuario *root*, con el comando *passwd Nombre_del_usuario*, modificaremos su contraseña. Si queremos modificar nuestra propia contraseña, ejecutaremos el comando *passwd* sin ningún parámetro.

Ejemplo:

> [usuario1@noname00 ~]$ passwd
> Cambiando la contraseña del usuario usuario1.
> Cambiando la contraseña de usuario1.
> (actual) contraseña de UNIX:
> Nueva UNIX contraseña:
> Vuelva a escribir la nueva UNIX contraseña:
> passwd: todos los tokens de autenticación se actualizaron exitosamente.
> [usuario1@noname00 ~]$

Administrar grupos

Con el comando *gpasswd* podremos designar a un administrador de grupos que se encargará de añadir usuarios al grupo y organizar permisos de manera adecuada. El usuario *root* se encargará de decidir quién es el administrador de grupo.

Ejemplo:

>   [root@noname00 ~]# gpasswd -a oracle dba
>   Adding user oracle to group dba
>   [root@noname00 ~]# id oracle
>   uid=1008(oracle) gid=1010(oinstall) groups=1010(oinstall),1008(dba)
>   context=root:system_r:unconfined_t:SystemLow-SystemHigh
>   [root@noname00 ~]#

Obtener los identificadores de usuario y grupos a los que pertenece un usuario

El comando *id* nos mostrará esta información.

Ejemplo:

>   [root@noname00 /]# id usuario1
>   uid=601(usuario1) gid=601(usuario1) grupos=601(usuario1)
>   [root@noname00 /]# id
>   uid=0(root) gid=0(root)
>   grupos=0(root),1(bin),2(daemon),3(sys),4(adm),6(disk),10(wheel)
>   [root@noname00 /]#

Cambiar de usuario

Si tenemos más de una cuenta dada de alta, es posible que en un momento dado nos interese cambiar de usuario sin cerrar nuestra sesión actual. Lo conseguiremos con el comando *su*.

Ejemplo:

>   [usuario1@noname00 ~]$ id
>   uid=601(usuario1) gid=601(usuario1) grupos=601(usuario1)
>   [usuario1@noname00 ~]$ su David
>   Contraseña:

```
[David@noname00 usuario1]$ id
uid=500(David) gid=500(David) grupos=6(disk),500(David)
[David@noname00 usuario1]$
```

En el ejemplo anterior hemos pasado de ser "usuario1" a ser el usuario "David", sin embargo, no es una instrucción equivalente a la de iniciar una sesión, en la que se carga el perfil del usuario (variables de entorno, ejecución de scripts de inicio de sesión, alias, etc.). Para conseguir un login en toda regla, ejecutaremos *su - Nombre del usuario*.

Ejemplo:

```
[usuario1@noname00 ~]$ su - David
Contraseña:
Hola David
[David@noname00 ~]$
```

Si nos fijamos, nada mas iniciar la sesión con el usuario *David*, nos ha aparecido un mensaje que no habíamos visto en el ejemplo anterior: *Hola David*. Esto es porque se ha ejecutado un script programado en el perfil de inicio de sesión de este usuario. Lo mismo ocurriría, por ejemplo, con la asignación de un valor a unas variables de entorno que necesita un software que utiliza el usuario *David*, para que pueda ejecutarse correctamente.

Más adelante se explicará cómo modificar el script de inicio de sesión.

Búsqueda de errores en los ficheros de configuración de contraseñas y grupos

pwck y *grpck*, buscarán errores en los ficheros */etc/passwd* y */etc/group*, respectivamente.

Ejemplo:

```
[root@noname00 ~]# pwck
```

usuario adm: el directorio /var/adm no existe
usuario uucp: el directorio /var/spool/uucp no existe
usuario gopher: el directorio /var/gopher no existe
usuario ftp: el directorio /var/ftp no existe
usuario avahi-autoipd: el directorio /var/lib/avahi-autoipd no existe
pwck: sin cambios
[root@noname00 ~]#

[root@noname00 ~]# grpck
'David' is a member of the 'disk' group in /etc/group but not in /etc/gshadow
[root@noname00 ~]#

Utilizar un intérprete de comandos distinto al actual

Puesto que existen diferentes intérpretes de comandos (Bourne shell, C Shell, Korn Shell, etc.) es posible que un usuario esté más acostumbrado o le guste más una shell que otra. Un intérprete de comandos es una interfaz entre el usuario y el sistema que permite teclear comandos, el sistema los interpreta, y devuelve su resultado en la misma shell.

Ejemplo:

[usuario1@noname00 ~]$ chsh -s /bin/ksh
Cambiando intérprete de órdenes para usuario1.
Contraseña:
Se ha cambiado el intérprete de órdenes.
[usuario1@noname00 ~]$

Administración de permisos en directorios y archivos

Tal y como se explicaba en los conceptos del capítulo anterior, un directorio o un archivo puede tener permisos de lectura, escritura y ejecución, pero no son permanentes, sino que pueden ser modificados. A continuación se explican algunos comandos relacionados con los permisos en ficheros y directorios:

Modificar los permisos de lectura, escritura y ejecución de un archivo

chmod modifica los permisos de lectura, escritura y ejecución de un archivo. Solamente el propietario del archivo, el administrador de grupos o el de sistema pueden realizar esta acción.

Ejemplos:

Utilizaremos el fichero *fichero.txt* para modificar sus permisos. Inicialmente tiene los siguientes:

```
[usuario1@noname00 ficheros]$ ls -la
total 8
drwxrwxr-x 2 usuario1 usuario1   24 nov  8 06:46 .
drwx------ 7 usuario1 usuario1 4096 nov  8 06:46 ..
-rw-rw-r-- 1 usuario1 usuario1    5 nov  8 06:46 fichero.txt
[usuario1@noname00 ficheros]$
```

➤ Eliminar el permiso de lectura para el propietario del archivo:

```
[usuario1@noname00 ficheros]$ chmod u-r fichero.txt
```

Con esta orden, los permisos quedan de siguiente manera:

          --w-rw-r-- 1 usuario1 usuario1   5 nov 8 06:46 fichero.txt

Como vemos, ha desaparecido la primera "r".

> Asignar el permiso de lectura para el propietario del archivo:

    [usuario1@noname00 ficheros]$ chmod u+r fichero.txt

Ahora los permisos vuelven a ser los originales.

En los ejemplos anteriores, "u" indica que se van a asignar o desasignar permisos para el usuario propietario (user) del fichero, de la misma forma, "g" haría lo mismo para el grupo (chmod g+r fichero.txt) y "o" (others) para el resto de usuarios (chmod o+r fichero.txt).

Si en vez de modificar los permisos de lectura, quisiéramos modificar los de escritura, en vez de "r" utilizaríamos "w" (chmod g-w fichero.txt). La "x" tiene la misma función pero sobre el permiso de ejecución.

Ejemplo:

> Cambiamos al usuario "David" e intentamos leer un archivo que pertenece al usuario "usuario1" sin tener permisos para ello al no pertenecer al mismo grupo ni ser el propietario del archivo:

    [usuario1@noname00 ficheros]$ ls -la
    total 8
    drwxrwxr-x 2 usuario1 usuario1   24 nov 8 06:46 .
    drwx------ 7 usuario1 usuario1 4096 nov 8 06:57 ..
    -rw-rw---- 1 usuario1 usuario1   5 nov 8 06:46 fichero.txt
    [usuario1@noname00 ficheros]$

    [usuario1@noname00 ficheros]$ su David
    Contraseña:
    [David@noname00 ficheros]$ cat fichero.txt
    cat: fichero.txt: Permiso denegado

[David@noname00 ficheros]$

En este caso, para que el usuario David pueda leer el fichero, el archivo debería tener permisos de lectura para el resto de usuarios.

También existe una forma numérica de modificar los permisos en un fichero según las reglas de la siguiente tabla:

Permiso	Valor
Propietario del archivo	
Lectura	400
Escritura	200
Ejecución	100
Grupo al que pertenece el archivo	
Lectura	40
Escritura	20
Ejecución	10
Other users	
Lectura	4
Escritura	2
Ejecución	1

Es decir, podríamos asignar todos los permisos al propietario, lectura y escritura al grupo y sólo lectura al resto de usuarios, tal y como vemos a continuación:

```
[usuario1@noname00 ficheros]$ chmod 764 fichero.txt
[usuario1@noname00 ficheros]$ ls -la
total 8
drwxrwxr-x 2 usuario1 usuario1   24 nov  8 06:46 .
drwx------ 7 usuario1 usuario1 4096 nov  8 06:59 ..
-rwxrw-r-- 1 usuario1 usuario1    5 nov  8 06:46 fichero.txt
```

[usuario1@noname00 ficheros]$

La explicación del ejemplo anterior es la siguiente:

- ➢ Todos los permisos al propietario: 400+200+100 = 700
- ➢ Lectura y escritura al grupo: 40+20=60
- ➢ Lectura al resto de usuarios: 4
- ➢ Parámetro que le hemos pasado a *chmod*: 700+60+4=**764**

Asignación de permisos mediante ACL

Access Control Lists o ACL se encarga de proporcionar una serie de permisos a un fichero según el usuario que lo esté utilizando. Esta filosofía también se aplica a directorio. Su funcionamiento es el siguiente:

- Creamos el fichero "prueba.txt" con los siguientes permisos:

    ```
    [root@noname00 tmp]# ls -la |grep -i prueba
    -rw-r--r--  1 root    root      7 nov  2 11:07 prueba.txt
    [root@noname00 tmp]#
    ```

- Asignamos permisos de lectura, escritura y ejecución al usuario "usuario1":

    ```
    [root@noname00 ACL]# setfacl -m u:usuario1:rwx /tmp/prueba.txt
    [root@noname00 ACL]#
    ```

- Si ahora miramos los permisos del archivo, veremos que ha aparecido el símbolo "+":

    ```
    [root@noname00 ACL]# ls -la /tmp/prueba.txt
    -rw-rwxr--+ 1 root root 7 nov  2 11:07 /tmp/prueba.txt
    [root@noname00 ACL]#
    ```

- Revisamos los permisos ACL asignados al fichero:

    ```
    [root@noname00 ACL]# getfacl /tmp/prueba.txt
    getfacl: Removing leading '/' from absolute path names
    # file: tmp/prueba.txt
    ```

```
# owner: root
# group: root
user::rw-
user:usuario1:rwx
group::r--
mask::rwx
other::r--
```

- Y, por último, los eliminamos:

    [root@noname00 ACL]# setfacl -x u:usuario1 /tmp/prueba.txt

    [root@noname00 ACL]# getfacl /tmp/prueba.txt
    getfacl: Removing leading '/' from absolute path names
    # file: tmp/prueba.txt
    # owner: root
    # group: root
    user::rw-
    group::r--
    mask::r--
    other::r--

    [root@noname00 ACL]#

Permiso *setuid*

Con este tipo permiso podemos ejecutar comandos como si fuésemos el usuario *root*, de una manera temporal. Por ejemplo, un usuario no ha de poder modificar la contraseña de otro usuario, pero sí ha de poder modificar la suya, sin embargo, el fichero de contraseñas es común para todos los usuarios (/etc/passwd), además, el propietario y el grupo al que pertenece este archivo corresponde al *root* y sólo este usuario puede tiene permisos de escritura.

    [root@noname00]# ls -la /etc/passwd
    -rw-r--r-- 1 **root root** 2120 nov 8 06:46 /etc/passwd
    [root@noname00]#

Entonces, ¿cómo puede un usuario modificar su contraseña y reflejar los cambios en el fichero de *passwd*? Mediante el permiso *setuid*, simulando que es el usuario *root* quien está ejecutando el comando *passwd*.

Este permiso se representa mediante la letra "s":

```
[root@noname00]# ls -la /usr/bin/passwd
-rwsr-xr-x 1 root root 29368 abr  8  2008 /usr/bin/passwd
[root@noname00]#
```

Si queremos asignar el permiso de manera numérica, utilizaremos el valor 4000 (chmod 4764 fichero.txt).

```
[usuario1@noname00 ficheros]$ chmod 4764 fichero.txt
[usuario1@noname00 ficheros]$ ls -al
total 8
drwxrwxr-x 2 usuario1 usuario1   24 nov  8 06:46 .
drwx------ 7 usuario1 usuario1 4096 nov  8 06:59 ..
-rwsrw-r-- 1 usuario1 usuario1    5 nov  8 06:46 fichero.txt
[usuario1@noname00 ficheros]$
```

Permiso *setgid*

Este permiso es el homólogo de *setuid*, pero aplicado a grupos. La letra "s" aparecerá en la sección de permisos de grupos.

Si queremos asignar el permiso de manera numérica, utilizaremos el valor 2000 (chmod 2764 fichero.txt).

```
[usuario1@noname00 ficheros]$ ls -al
total 8
drwxrwxr-x 2 usuario1 usuario1   24 nov  8 06:46 .
drwx------ 7 usuario1 usuario1 4096 nov  8 06:59 ..
-rwxrwSr-- 1 usuario1 usuario1    5 nov  8 06:46 fichero.txt
[usuario1@noname00 ficheros]$
```

Permiso *sticky-bit*

Inicialmente, los permisos de este *flag* se utilizaban para cargar un programa en memoria y dejarlo allí, independientemente de que un usuario haya terminado de utilizarlo, así se conseguía que no se tuviera que cargar cada vez que se necesitara ejecutar. Sin embargo, la evolución tecnológica ha hecho que este permiso tenga otro uso en ficheros y directorios. Si le asignamos el permiso a un directorio, los archivos que contenga podrán ser borrados o renombrados por:

- El propietario del archivo.
- El propietario del directorio.
- El usuario *root*.

Este permiso se suele utilizar en directorios que son utilizados por más de un usuario, como el /tmp o /var/tmp, por ejemplo, y se representa con la letra "t".

        [root@noname00 ficheros]# ls -ld /tmp
        drwxrwxrwt 73 root root 8192 nov 8 07:17 /tmp
        [root@noname00 ficheros]#

Si queremos asignar el permiso *sticky-bit* de manera numérica, utilizaremos el número 1000:

        [usuario1@noname00 ficheros]$ ls -la
        total 8
        drwxrwxr-x 2 usuario1 usuario1   24 nov 8 06:46 .
        drwx------ 7 usuario1 usuario1 4096 nov 8 06:59 ..
        -rwxrw-r-T 1 usuario1 usuario1   5 nov 8 06:46 fichero.txt
        [usuario1@noname00 ficheros]$

        [usuario1@noname00 ~]$ chmod 1775 ficheros/
        [usuario1@noname00 ~]$ ls -la |grep fich
        drwxrwxr-t 2 usuario1 usuario1   24 nov 8 08:10 fichero.txt
        [usuario1@noname00 ~]$

Cambiar el propietario y grupo de un archivo

chgrp sirve para sustituir el grupo actual al que pertenece un fichero por un nuevo grupo. Su sintaxis es la siguiente:

    chgrp grupo fichero
    chgrp -R grupo directorio

Sin embargo, hay otro comando más potente: *chown*. Se utiliza de la siguiente manera:

    chown usuario:grupo fichero

Ejemplo:

```
[root@noname00 ficheros]# ls -la
total 8
drwxrwxr-x 2 usuario1 usuario1    24 nov  8 06:46 .
drwx------ 7 usuario1 usuario1 4096 nov  8 06:59 ..
-rwxrw-r-- 1 usuario1 usuario1    5 nov  8 06:46 fichero.txt
[root@noname00 ficheros]# chown David:David fichero.txt
[root@noname00 ficheros]# ls -la
total 8
drwxrwxr-x 2 usuario1 usuario1    24 nov  8 06:46 .
drwx------ 7 usuario1 usuario1 4096 nov  8 06:59 ..
-rwxrw-r-- 1 David    David       5 nov  8 06:46 fichero.txt
[root@noname00 ficheros]#
```

Ahora, lo hacemos de manera recursiva, es decir, modificamos el propietario del directorio principal y todo lo que tiene por debajo:

```
[root@noname00 ficheros]# cd ..
[root@noname00 usuario1]# chown -R usuario1:usuario1 ficheros
```

Configuración de *sudo*

Este comando se utiliza para ejecutar instrucciones con privilegios de otro usuario. Para ello, el administrador del sistema deberá configurar el fichero *sudoers*, que suele estar ubicado en el directorio */etc*.

Ejemplo:

> Intentamos parar una de las interfaces de red con el usuario "usuario1".

>> [usuario1@noname00 ~]$ id
>> uid=601(usuario1) gid=601(usuario1) grupos=601(usuario1)
>> [usuario1@noname00 ~]$ /sbin/ifconfig eth1 down
>> SIOCSIFFLAGS: **Permiso denegado**
>> [usuario1@noname00 ~]$

> Como podemos ver, este usuario no tiene permisos para ello, ya que solamente el *root* puede administrar la red. Sin embargo, vamos a utilizar sudo desde el usuario *usuario1* para parar dicha interfaz:

>> [usuario1@noname00 ~]$ sudo -u root /sbin/ifconfig eth1 down
>> [sudo] password for usuario1:
>> **usuario1 is not in the sudoers file.** This incident will be reported.
>> [usuario1@noname00 ~]$

Ahora nos hemos topado con una serie de mecanismos de seguridad que han impedido que podamos realizar esta acción. El usuario *root* ha de configurar el fichero */etc/sudoers* con los comandos que pueden ejecutar los distintos usuarios del sistema. No hace falta decir que para la seguridad del sistema es importante proteger a este fichero:

> [usuario1@noname00 ~]$ ls -la /etc/sudoers
> -r--r----- 1 root root 3344 jun 1 09:40 /etc/sudoers
> [usuario1@noname00 ~]$

A continuación editaremos el fichero *sudoers* para que el usuario *usuario1* pueda parar o arrancar una interfaz de red. En la siguiente salida del comando *cat* se han eliminado todas las entradas que no nos interesan con el fin de facilitar la explicación:

> [root@noname00 ~]# cat /etc/sudoers
> # Creamos un alias para un conjunto de usuarios. Los usuarios deben ir

separados por comas.
User_Alias USUARIOS = usuario1

Creamos otro alias para un conjunto de comandos.
Cmnd_Alias ADMRED = /sbin/ifconfig

Definimos los privilegios. En este caso, todos los usuarios ubicados en el alias "USUARIOS", pueden ejecutar, sin que se solicite contraseña, todos los comandos definidos en el alias "ADMRED"
USUARIOS ALL= NOPASSWD:ADMRED
[usuario1@noname00 ~]$

Una vez configurado el fichero, pasamos a realizar una prueba:

```
[usuario1@noname00 ~]$ sudo -u root /sbin/ifconfig eth1 down
[usuario1@noname00 ~]$ /sbin/ifconfig
lo        Link encap:Local Loopback
          inet addr:127.0.0.1  Mask:255.0.0.0
          inet6 addr: ::1/128 Scope:Host
          UP LOOPBACK RUNNING  MTU:16436  Metric:1
          RX packets:2816 errors:0 dropped:0 overruns:0 frame:0
          TX packets:2816 errors:0 dropped:0 overruns:0 carrier:0
          collisions:0 txqueuelen:0
          RX bytes:210976 (206.0 KiB)  TX bytes:210976 (206.0 KiB)

vmnet0    Link encap:Ethernet  HWaddr 00:18:F3:64:59:CD
          inet addr:192.168.1.3  Bcast:192.168.1.255  Mask:255.255.255.0
          inet6 addr: fe80::218:f3ff:fe64:59cd/64 Scope:Link
          UP BROADCAST RUNNING MULTICAST  MTU:1500  Metric:1
          RX packets:2484 errors:0 dropped:0 overruns:0 frame:0
          TX packets:2716 errors:0 dropped:0 overruns:0 carrier:0
          collisions:0 txqueuelen:0
          RX bytes:1842129 (1.7 MiB)  TX bytes:486568 (475.1 KiB)

vmnet1    Link encap:Ethernet  HWaddr 00:50:56:C0:00:01
          inet addr:172.16.165.1  Bcast:172.16.165.255  Mask:255.255.255.0
          inet6 addr: fe80::250:56ff:fec0:1/64 Scope:Link
          UP BROADCAST RUNNING MULTICAST  MTU:1500  Metric:1
          RX packets:0 errors:0 dropped:0 overruns:0 frame:0
```

```
        TX packets:27 errors:0 dropped:0 overruns:0 carrier:0
        collisions:0 txqueuelen:1000
        RX bytes:0 (0.0 b)  TX bytes:0 (0.0 b)
vmnet8   Link encap:Ethernet  HWaddr 00:50:56:C0:00:08
        inet addr:172.16.166.1  Bcast:172.16.166.255  Mask:255.255.255.0
        inet6 addr: fe80::250:56ff:fec0:8/64 Scope:Link
        UP BROADCAST RUNNING MULTICAST  MTU:1500  Metric:1
        RX packets:0 errors:0 dropped:0 overruns:0 frame:0
        TX packets:27 errors:0 dropped:0 overruns:0 carrier:0
        collisions:0 txqueuelen:1000
        RX bytes:0 (0.0 b)  TX bytes:0 (0.0 b)
[usuario1@noname00 ~]$
```

Como vemos, el comando no nos ha pedido contraseña, ni nos ha dado error de permisos y ya no aparece la interfaz de red *eth1*. Seguidamente, arrancamos dicha interfaz con el mismo usuario:

```
[usuario1@noname00 ~]$ sudo -u root /sbin/ifconfig eth1 up
[usuario1@noname00 ~]$ /sbin/ifconfig
eth1    Link encap:Ethernet  HWaddr 00:18:F3:64:59:CD
        inet addr:192.168.1.2  Bcast:192.168.1.255  Mask:255.255.255.0
        inet6 addr: fe80::218:f3ff:fe64:59cd/64 Scope:Link
        UP BROADCAST RUNNING PROMISC MULTICAST  MTU:1500
Metric:1
        RX packets:2504 errors:0 dropped:0 overruns:0 frame:0
        TX packets:2721 errors:0 dropped:0 overruns:0 carrier:0
        collisions:0 txqueuelen:1000
        RX bytes:1844830 (1.7 MiB)  TX bytes:493313 (481.7 KiB)
        Interrupt:16

lo      Link encap:Local Loopback
        inet addr:127.0.0.1  Mask:255.0.0.0
        inet6 addr: ::1/128 Scope:Host
        UP LOOPBACK RUNNING  MTU:16436  Metric:1
        RX packets:2816 errors:0 dropped:0 overruns:0 frame:0
        TX packets:2816 errors:0 dropped:0 overruns:0 carrier:0
        collisions:0 txqueuelen:0
        RX bytes:210976 (206.0 KiB)  TX bytes:210976 (206.0 KiB)
```

```
vmnet0    Link encap:Ethernet  HWaddr 00:18:F3:64:59:CD
          inet addr:192.168.1.3  Bcast:192.168.1.255  Mask:255.255.255.0
          inet6 addr: fe80::218:f3ff:fe64:59cd/64 Scope:Link
          UP BROADCAST RUNNING MULTICAST  MTU:1500  Metric:1
          RX packets:2484 errors:0 dropped:0 overruns:0 frame:0
          TX packets:2716 errors:0 dropped:0 overruns:0 carrier:0
          collisions:0 txqueuelen:0
          RX bytes:1842129 (1.7 MiB)  TX bytes:486568 (475.1 KiB)

vmnet1    Link encap:Ethernet  HWaddr 00:50:56:C0:00:01
          inet addr:172.16.165.1  Bcast:172.16.165.255  Mask:255.255.255.0
          inet6 addr: fe80::250:56ff:fec0:1/64 Scope:Link
          UP BROADCAST RUNNING MULTICAST  MTU:1500  Metric:1
          RX packets:0 errors:0 dropped:0 overruns:0 frame:0
          TX packets:27 errors:0 dropped:0 overruns:0 carrier:0
          collisions:0 txqueuelen:1000
          RX bytes:0 (0.0 b)  TX bytes:0 (0.0 b)

vmnet8    Link encap:Ethernet  HWaddr 00:50:56:C0:00:08
          inet addr:172.16.166.1  Bcast:172.16.166.255  Mask:255.255.255.0
          inet6 addr: fe80::250:56ff:fec0:8/64 Scope:Link
          UP BROADCAST RUNNING MULTICAST  MTU:1500  Metric:1
          RX packets:0 errors:0 dropped:0 overruns:0 frame:0
          TX packets:27 errors:0 dropped:0 overruns:0 carrier:0
          collisions:0 txqueuelen:1000
          RX bytes:0 (0.0 b)  TX bytes:0 (0.0 b)
[usuario1@noname00 ~]$
```

Podríamos utilizar este comando, por ejemplo, para crear un usuario capaz de realizar ciertas tareas de mantenimiento. Imaginemos un servicio que ha de estar funcionando durante la mayor parte del día, como una página WEB en la que se venden entradas de cine, de teatro, conciertos, etc. y que, por lo tanto, la ventana horaria que menos impacto tiene en el servicio se produce durante altas horas de la noche, que es cuando podemos aprovechar para programar ciertas tareas de mantenimiento, como rebotar el servidor. Sin embargo, los administradores del sistema no están trabajando durante las veinticuatro horas del día, pero en nuestra empresa sí tenemos un grupo de operadores que no tienen conocimientos de administración ni un usuario privilegiado, pero podrían ejecutar unos scripts que los administradores les han preparado para realizar estas funciones. De esta manera conseguimos tener un sistema estable y sin correr el peligro de que una persona inexperta ejecute un comando que no deseemos por temor a un mal uso del mismo.

Administración del sistema de archivos

Conceptos

Hasta ahora, hemos visto como copiar, mover, borrar, crear enlaces y demás funciones con archivos mediante diferentes comandos del sistema pero, tras estos comandos, existe una estructura de archivos que permite almacenar la información.

Un inodo es una estructura que almacena información sobre un archivo, pero no el archivo en sí. La información que guarda es:

- Identificador del dispositivo que contiene el sistema de archivos.
- Número de inodo: Cada uno tiene su identificador único dentro de la tabla de inodos.
- Tipo de fichero.
- Propietario y grupo del fichero.
- Permisos (rwx).
- Fecha de creación.
- Tamaño del archivo.
- Número de enlaces asociados a un mismo inodo.

La tabla de inodos se crea durante el arranque del sistema y la utilizan comandos como *find* con el fin de agilizar la búsqueda de información de archivos.

El número de inodos depende del tamaño de cada inodo. Con "*df -i*" podemos conocer el número de inodos que tenemos en un sistema de archivos:

```
[usuario1@noname00 ~]$ df -i
S.ficheros              Nodos-i  NUsados  NLibres  NUso%  Montado en
/dev/sda2                224000    10496   213504     5%  /
/dev/mapper/vg00-lvvar
                       12288000    12484 12275516     1%  /var
/dev/mapper/vg00-lvtmp
                       10223616      726 10222890     1%  /tmp
/dev/mapper/vg00-lvusr
                       20480000   209292 20270708     2%  /usr
/dev/mapper/vg00-lvopt
                      191070208    82968 190987240    1%  /opt
/dev/mapper/vg00-lvhome
                       12288000    20148 12267852     1%  /home
tmpfs                    502443        6   502437     1%  /dev/shm
```

Si agotamos el número de inodos porque guardemos un gran número de archivos en el filesystem o lo hayamos creado con un número bajo de inodos, obtendremos un mensaje de error de falta de espacio en el filesystem, incluso si todavía vemos que queda espacio libre en el filesystem (pero no hay inodos libres).

Cada sistema operativo y tipo de filesystem tiene su propio procedimiento para establecer el número de inodos de un filesystem. Por ejemplo, en RedHat y el tipo de filesystem ext4, se haría de la siguiente manera:

    mkfs.ext4 **-N 250000** -j -T largefile /dev/vg00/lvol1

Con el parámetro -N 250000 estamos especificando el número de inodos durante la creación del filesystem.

Creación de una partición, un sistema de archivos, montaje del filesystem y uso del mismo

En el mundo UNIX existe gran variedad de tipos de sistema de archivos: ext3, ext4, XFS, ReiserFS, xfs, vxfs, etc. cada uno con sus propiedades y comandos exclusivos. También existe software variado para manejar las particiones donde se montará el sistema de archivos. Unos de los más utilizados son *fdisk* y *parted*.

Ejemplo de creación de un filesystem:

- ➢ Primera capa: Creamos la partición del disco sobre el que se creará el filesystem.

```
[root@noname00 /]# fdisk /dev/sdb
Device contains neither a valid DOS partition table, nor Sun, SGI or OSF
disklabel
Building a new DOS disklabel. Changes will remain in memory only,
until you decide to write them. After that, of course, the previous
content won't be recoverable.


The number of cylinders for this disk is set to 2088.
There is nothing wrong with that, but this is larger than 1024,
and could in certain setups cause problems with:
1) software that runs at boot time (e.g., old versions of LILO)
2) booting and partitioning software from other OSs
   (e.g., DOS FDISK, OS/2 FDISK)
Warning: invalid flag 0x0000 of partition table 4 will be corrected by w(rite)

Command (m for help): m
Command action
   a   toggle a bootable flag
   b   edit bsd disklabel
   c   toggle the dos compatibility flag
   d   delete a partition
   l   list known partition types
   m   print this menu
   n   add a new partition
   o   create a new empty DOS partition table
   p   print the partition table
   q   quit without saving changes
   s   create a new empty Sun disklabel
   t   change a partition's system id
   u   change display/entry units
   v   verify the partition table
   w   write table to disk and exit
   x   extra functionality (experts only)

Command (m for help): n
Command action
   e   extended
   p   primary partition (1-4)
```

p
Partition number (1-4): 1
First cylinder (1-2088, default 1):
Using default value 1
Last cylinder or +size or +sizeM or +sizeK (1-2088, default 2088):

Using default value 2088

Command (m for help): p

Disk /dev/sdb: 17.1 GB, 17179869184 bytes
255 heads, 63 sectors/track, 2088 cylinders
Units = cylinders of 16065 * 512 = 8225280 bytes
  Device Boot   Start   End   Blocks   Id System
/dev/sdb1   1   2088   16771828+ 83 Linux

Command (m for help): t
Selected partition 1
Hex code (type L to list codes): l
 0 Empty   1e Hidden W95 FAT1 80 Old Minix   be Solaris boot
 1 FAT12   24 NEC DOS   81 Minix / old Lin bf Solaris
 2 XENIX root   39 Plan 9   82 Linux swap / So c1 DRDOS/sec (FAT-
 3 XENIX usr   3c PartitionMagic 83 Linux   c4 DRDOS/sec (FAT-
 4 FAT16 <32M   40 Venix 80286   84 OS/2 hidden C: c6 DRDOS/sec (FAT-
 5 Extended   41 PPC PReP Boot 85 Linux extended c7 Syrinx
 6 FAT16   42 SFS   86 NTFS volume set da Non-FS data
 7 HPFS/NTFS   4d QNX4.x   87 NTFS volume set db CP/M / CTOS /
 8 AIX   4e QNX4.x 2nd part 88 Linux plaintext de Dell Utility
 9 AIX bootable 4f QNX4.x 3rd part 8e Linux LVM   df BootIt
 a OS/2 Boot Manag 50 OnTrack DM   93 Amoeba   e1 DOS access
 b W95 FAT32   51 OnTrack DM6 Aux 94 Amoeba BBT   e3 DOS R/O
 c W95 FAT32 (LBA) 52 CP/M   9f BSD/OS   e4 SpeedStor
 e W95 FAT16 (LBA) 53 OnTrack DM6 Aux a0 IBM Thinkpad hi eb BeOS fs
 f W95 Ext'd (LBA) 54 OnTrackDM6   a5 FreeBSD   ee EFI GPT
10 OPUS   55 EZ-Drive   a6 OpenBSD   ef EFI (FAT-12/16/
11 Hidden FAT12 56 Golden Bow   a7 NeXTSTEP   f0 Linux/PA-RISC b
12 Compaq diagnost 5c Priam Edisk   a8 Darwin UFS   f1 SpeedStor

```
14  Hidden FAT16 <3  61  SpeedStor       a9  NetBSD        f4  SpeedStor
16  Hidden FAT16      63  GNU HURD or Sys  ab  Darwin boot   f2  DOS
secondary
17  Hidden HPFS/NTF  64  Novell Netware  b7  BSDI fs       fd  Linux raid
auto
18  AST SmartSleep   65  Novell Netware  b8  BSDI swap     fe  LANstep
1b  Hidden W95 FAT3  70  DiskSecure Mult bb  Boot Wizard hid ff  BBT
1c  Hidden W95 FAT3  75  PC/IX
Hex code (type L to list codes): 8e
Changed system type of partition 1 to 8e (Linux LVM)

Command (m for help): p
Disk /dev/sdb: 17.1 GB, 17179869184 bytes
255 heads, 63 sectors/track, 2088 cylinders
Units = cylinders of 16065 * 512 = 8225280 bytes

   Device Boot    Start      End    Blocks   Id  System
/dev/sdb1           1       2088   16771828+  8e  Linux LVM

Command (m for help): w
The partition table has been altered!

Calling ioctl() to re-read partition table.
Syncing disks.
[root@noname00 /]# exit

Script done on mié 20 ago 2008 14:43:44 CEST
[root@noname00 /]#
```

En el ejemplo que acabamos de ver se ha creado una partición de tipo LVM.

El comando *fdisk -l* muestra en pantalla un listado de todas las particiones dadas de alta en nuestro sistema.

> ➢ Segunda capa: Una vez creada la partición, creamos el propio sistema de archivos. Como se ha comentado anteriormente, existen muchos tipos de filesystem con sus propios comandos exclusivos. Nosotros crearemos un FS de tipo ext3 con la opción de *journaling*, para conseguir un mejor rendimiento y porque se puede ampliar sin desmontarlo. Todo esto bajo un sistema Linux

RedHat:

>   mkfs.ext3 -j -T largefile /dev/vg01/lvol1

Otro ejemplo de creación de un filesystem de tipo *vxfs* (Veritas filesystem) en un HP-UX:

>   newfs -F vxfs -b 8192 /dev/vgas02/rlvol12
>   version 5 layout
>   2097152 sectors, 262144 blocks of size 8192, log size 2048 blocks
>   unlimited inodes, largefiles not supported
>   262144 data blocks, 260056 free data blocks
>   8 allocation units of 32768 blocks, 32768 data blocks

Podríamos seguir poniendo ejemplos con cada uno de los diferentes tipos de sistemas de archivos, pero el objetivo de este libro es tener claros los conceptos, los pasos que hay que seguir y no explicar el funcionamiento de todas y cada una de las diferentes tecnologías existentes relacionadas con los sistemas de archivos. Cada una de ellas viene complementada con su manual de procedimientos correspondiente y es el administrador del sistema quien ha de elegir su medio de formación para el uso de tantas y variadas tecnologías en constante evolución.

➢ Una vez que ya tenemos creado el sistema de archivos, procederemos a montarlo para que podamos utilizarlo. Para ello, tenemos el comando *mount*.

>   mount [opciones] -t tipo_de_filesystem punto_de_montaje

Ejemplo:

>   [root@noname00 ~]# mount -t ext3 /dev/sda5 /Aplicación1
>   [root@noname00 ~]#
>
>   Con esta acción acabamos de montar un filesystem de tipo ext3, cuyo dispositivo es /dev/sda1, en el directorio /Aplicación1. Ahora ya podríamos realizar cualquier acción sobre los archivos que hay por debajo de este directorio (copiar, mover, borrar, asignar permisos, etc.).

Si se nos ha olvidado incluir alguna característica durante la creación del filesystem, podremos modificar sus propiedades. Por citar dos ejemplos, en sistemas linux existe el comando *tune2fs*, mientras que en HP-UX tenemos el *fsadm*. Ejemplo:

```
[root@noname00 /]# tune2fs -l /dev/mapper/vgGEAas-lvol2
tune2fs 1.39 (29-May-2006)
Filesystem volume name:   <none>
Last mounted on:          <not available>
Filesystem UUID:          c2ca12db-8172-4a76-a9ed-c5ffd68b27b2
Filesystem magic number:  0xEF53
Filesystem revision #:    1 (dynamic)
Filesystem features:      has_journal resize_inode dir_index filetype needs_recovery sparse_super large_file
Default mount options:    (none)
Filesystem state:         clean
Errors behavior:          Continue
Filesystem OS type:       Linux
Inode count:              1441792
Block count:              2883584
Reserved block count:     144172
Free blocks:              714916
Free inodes:              1287429
First block:              0
Block size:               4096
Fragment size:            4096
Reserved GDT blocks:      575
Blocks per group:         32768
Fragments per group:      32768
Inodes per group:         16384
Inode blocks per group:   512
Filesystem created:       Thu Mar 19 09:07:29 2009
Last mount time:          Thu Jul 30 12:22:05 2009
Last write time:          Thu Jul 30 12:22:05 2009
Mount count:              8
Maximum mount count:      36
Last checked:             Thu Mar 19 09:07:29 2009
Check interval:           15552000 (6 months)
Next check after:         Tue Sep 15 10:07:29 2009
Reserved blocks uid:      0 (user root)
Reserved blocks gid:      0 (group root)
```

```
First inode:           11
Inode size:            128
Journal inode:         8
First orphan inode:    136705
Default directory hash:  tea
Directory Hash Seed:   26b28e17-dffe-4fd2-85ed-35b39c5db7a0
Journal backup:        inode blocks
[root@noname00 /]#
```

Si queremos que los filesystems que vayamos creando se monten durante el arranque del sistema, deberemos incluir sus entradas en el fichero */etc/fstab*.

Ejemplo:

```
[usuario1@noname00 ~]$ cat /etc/fstab
UUID=c7037588-e094-4452-aeda-91142dbc3229  /           ext3    defaults    1 1
/dev/vg00/lvvar       /var         xfs     defaults    1 2
/dev/vg00/lvtmp       /tmp         xfs     defaults    1 2
/dev/vg00/lvusr       /usr         xfs     defaults    1 2
/dev/vg00/lvopt       /opt         xfs     defaults    1 2
/dev/vg00/lvhome      /home        xfs     defaults    1 2
tmpfs                 /dev/shm     tmpfs   defaults    0 0
devpts                /dev/pts     devpts  gid=5,mode=620  0 0
sysfs                 /sys         sysfs   defaults    0 0
proc                  /proc        proc    defaults    0 0
/dev/vg00/lvswap      swap         swap    defaults    0 0
```

Este fichero está estructurado de la siguiente manera:

- ➢ Dispositivo
- ➢ Punto de montaje
- ➢ Tipo de filesystem
- ➢ Opciones de montaje:
    - ➢ **auto.** Se monta automáticamente o con el comando *mount -a*.
    - ➢ **noauto**. No se monta automáticamente (como un dispositivo extraible).
    - ➢ **defaults.** Este valor representa a un conjunto de opciones de montaje: async, auto, dev, exec, nouser, rw y suid.

- **dev.** Hace referencia a un dispositivo local.
- **exec.** Permite la ejecución de archivos binarios y scripts.
- **nouser.** El FS solamente podrá montarlo el usuario root.
- **owner.** El usuario que monta el FS también es su propietario.
- **ro.** Modo sólo lectura.
- **rw.** Modo lectura y escritura.
- **suid.** Los bits *suid* pueden ser utilizados.
- **sync.** Escritura síncrona.

- El valor del siguiente campo puede ser 0 o 1. Si vale 1, el sistema de copias "Dump" volcará la información de este sistema de archivos.
- El último campo comprueba la consistencia del sistema de archivos. Si vale 0, no se chequeará durante el arranque del sistema.

Según el tipo de filesystem que estemos utilizando, encontraremos diferentes comandos para redimensionarlo (resize2fs, fsadm, xfsgrowfs, son sólo algunos ejemplos) o repararlo (fsck o xfs_repair, por ejemplo).

Crear la entrada en el sistema de un nuevo dispositivo

mknod es el comando que se encarga de realizar esta función. Es útil cuando tenemos visibilidad de una nueva LUN o se incorpora un nuevo disco. Los valores de *mknod* deben ser únicos.

Sintaxis del comando:

mknod /dev/midispositivo tipo mayor menor
mayor y menor se refiere al número máximo y mínimo de dispositivos del mismo tipo que existirán.

Ejemplo:

mknod /dev/vgdatabase/group c 64 0x*hh*0000

hh es el valor único que se comentaba anteriormente.

Network Filesystem Service (NFS)

NFS es un sistema que permite utilizar, localmente, filesystems compartidos por un servidor remoto. El funcionamiento del sistema se basa en una aplicación cliente-servidor, es decir, el servidor se encarga de compartir un filesystem y los clientes se comunican con la aplicación servidor para poder acceder a los datos del sistema de archivos compartido.

La implementación de NFS puede variar mucho de un sistema UNIX a otro, es decir, no es lo mismo configurar NFS en un sistema operativo Solaris que en un HP-UX pero, a modo de concepto, indicaremos como configurarlo en un Solaris, haciendo honor a la empresa creadora de este sistema: SUN Microsystems.

- **NFS en el servidor:** Primeramente, debemos asegurarnos de que el demonio (proceso en background que siempre está en marcha) *nfsd* está arrancado, si no lo está, lo podremos arrancar de la siguiente manera:

    /etc/init.d/nfs.server start

    A continuación, procederemos a compartir el filesystem */Aplicacion1* en modo lectura y escritura, para los servidores "Servidor1" y "Servidor2", ejecutando la siguiente instrucción:

    [root@noname00 ~]# share -f NFS -o rw=Servidor1,Servidor2 /Aplicacion1

    Evidentemente, en el sistema que contiene la parte servidor de NFS, el filesystem */Aplicacion1* debe estar montado previamente.

    Las opciones que se pueden poner detrás del parámetro "-o" son las siguientes:

    - anon: Relaciona, anónimamente, solicitudes entre usuarios.
    - nosuid: Evita que las aplicaciones se ejecuten como *setuid*.
    - ro: Sólo lectura.
    - root: Tenemos privilegios de *root* en el FS remoto.
    - rw: Lectura y escritura.

    Los directorios que se comparten, están identificados en */etc/dfs/dfstab*, aunque el comando *dfmounts* de Solaris permite ver los filesystems compartidos.

- **NFS en el cliente:** Como ocurría en el servidor, el cliente tiene un demonio que ha de estar corriendo para poder acceder al sistema de archivos remoto. Se trata de: */etc/init.d/nfs.client,* */usr/lib/nfs/statd* (estadísticas) y */usr/lib/nfs/lockd* (demonio de bloqueo de NFS). Una vez arrancado el cliente, se montarán los filesystems indicados en fichero */etc/vfstab* de la maquina cliente (si la configuración del servidor lo permite).

Ejemplo:

    Servidor1:/Aplicacion1   /Local_Aplicacion1 nfs yes rw

Si accedemos al directorio /Local_Aplicacion1 de la maquina cliente, estaremos viendo los datos que contiene el directorio /Aplicacion1 del servidor remoto.

También podemos montar manualmente el filesystem remoto:

    mount -F nfs -o ro Servidor1:/Aplicacion1 /Local_Aplicacion1

donde el parámetro "-o" puede adquirir los siguientes valores:

- ro: Sólo lectura
- rw: Lectura y escritura
- Hard: El cliente tratará repetidamente establecer la conexión si se pierde. No hay tiempo de espera.
- Soft: Se permite la interrupción del servicio por timeout. El cliente intentará la conexión y dará un error si falla.
- Bg: Trata de montar un FS remoto en segundo plano si la conexión falla.

Por último, en cuanto a NFS se refiere, recalcar que todos los comandos utilizados pertenecen al sistema operativo Solaris y que el resto de sistemas UNIX tienen sus comandos homólogos para hacer lo mismo.

Discos en mirror

Conceptos

Cuando se dice que un disco está en mirror (espejo), significa que hay otro disco exactamente igual al primero en el que se están replicando, constantemente, cada uno de los cambios que se producen en el disco original. De esta manera se consigue redundancia de datos y, por lo tanto, siempre podremos acceder a ellos aunque se estropee alguno de los discos.

Normalmente, en los grandes servidores, el mirror de los discos internos se realiza por hardware, aunque también se puede hacer por software.

Una vez montada la estructura de mirror, desde el sistema únicamente veremos una sola unidad lógica de acceso a datos, como si solamente tuviésemos un disco.

El siguiente dibujo puede servirnos para aclararnos un poco más estos conceptos:

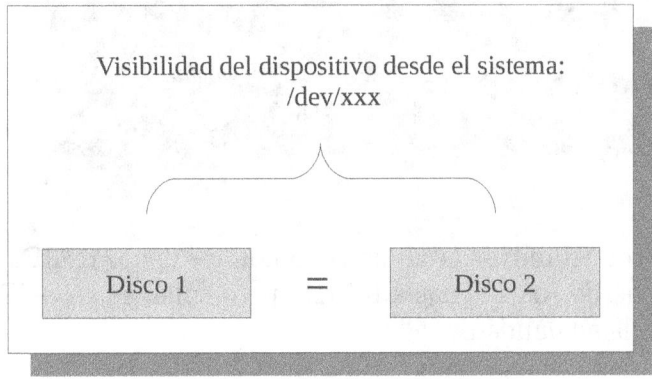

Creación de una estructura de mirror por software

A continuación se explica cómo hacer un mirror por software en un sistema RedHat:

El disco /dev/sdb1 será espejo (copia) del /dev/sda1.

- Arrancamos desde el DVD de RedHat para asegurarnos de que el dispositivo no está ocupado.
- Ejecutamos el comando:

    mdadm --create /dev/md0 --level 1 --raid-devices 2 /dev/sda1 /dev/sdb1

Esto crea el *metadevice*, es decir, el dispositivo que accede a ambos discos (original y mirror).

Si quisiéramos añadir más de un disco, ejecutaremos:

mdadm --manage /dev/md0 --add /dev/sda3

Para revisar la configuración de todos los mirrors, podremos visualizar el contenido del fichero */proc/mdstat* de RedHat:

```
[root@localhost ~]# cat /proc/mdstat
Personalities : [raid1]
md1 : active raid1 hdb2[1] hda2[0]
      3582400 blocks [2/2] [UU]

md0 : active raid1 hdb1[1] hda1[0]
      104320 blocks [2/2] [UU]

unused devices: <none>
[root@localhost ~]#
```

A la estructura de discos en mirror también se la conoce como RAID1, aunque existen otros tipos de RAID, desde RAID0 hasta RAID6 pero solamente RAID1, 5 y 6 son los que más se utilizan en la actualidad.

RAID viene de las siglas en inglés Redundant Array Independent Disks.

A parte de las diferentes configuraciones de RAID, podemos complementarlo mediante *stripping*. *Stripping* significa que guardaremos los datos repartidos equitativamente entre todos los discos, es decir, si tenemos dos discos, guardaremos la mitad de un fichero en un disco y la otra mitad en el otro, lo que se traduce en una mejora de rendimiento importante.

RAID5

Este sistema se compone de un conjunto de discos dividido en bloques de datos, distribuyendo la información de paridad entre los diferentes discos miembros del conjunto con el fin de conseguir la redundancia de datos.

Cuando hay algún problema en alguno de los discos, como un error de CRC (**C**ontrol de **R**edundancia **C**íclica), se pueden reconstruir los datos mediante un cálculo matemático a partir de la información de paridad del resto de bloques. Si se perdiera más de un bloque se perderían todos los datos.

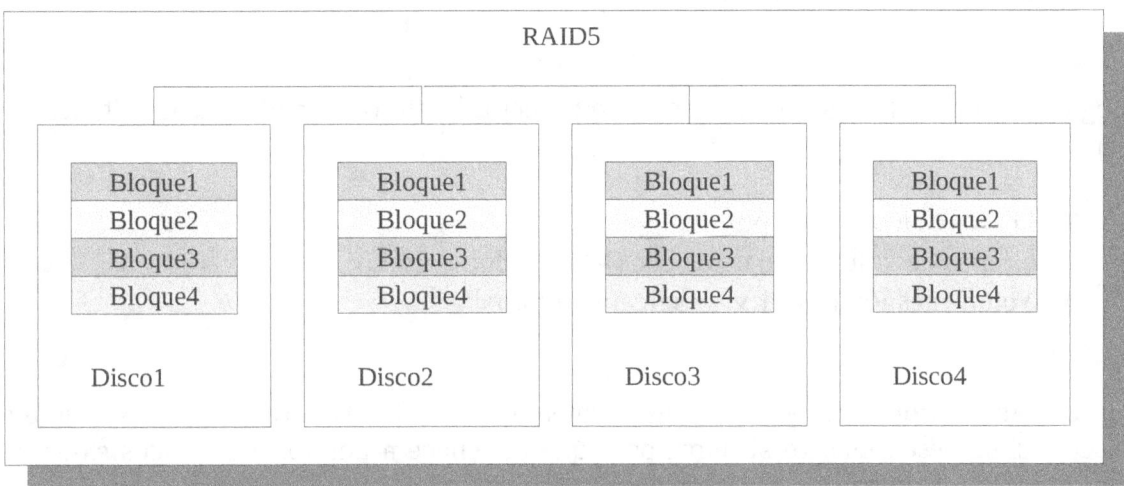

Cuando se está sirviendo una petición de lectura sobre el Bloque1 del Disco1, no se podrá atender una petición similar sobre el Bloque2 del mismo disco, ya que tendría que esperar, pero sí se podrá atender una petición sobre el Bloque2 del Disco2 ya que se usa otro disco diferente. Esto se traduce en un menor tiempo de respuesta a la hora de acceder a la información.

Por supuesto, existen tecnologías de hardware y software de RAID5, pero lo más común es utilizar el hardware.

Logical Volume Manager (LVM)

Conceptos

Logical Volume Manager es un gestor de espacio de disco formado por las siguientes capas:

- Discos físicos (PV – physical volume).
- Grupos de volúmenes de discos (VG – volume group).
- Volúmenes lógicos (LV – logical volume).

Un **Physical Volume** puede ser un disco entero o una LUN. Una LUN es un espacio de disco visible desde nuestro sistema, pero que pertenece a una torre de discos externa. Nuestro sistema operativo la tratará como cualquier otro disco.

Un **Volume Group** es una agrupación de discos físicos. En LVM, un disco solamente puede pertenecer a un VG. Al VG se le asigna un nombre para poder identificarlo y podemos crear tantos como discos libres dispongamos en nuestro sistema, pero la gracia de un VG está en que se puede agrupar el espacio de más de un disco bajo una misma estructura.

Un **Logical Volume** es una porción de espacio de un VG donde se podrá crear un filesystem. Puede hace uso de una parte de un disco físico, un disco entero, más de un disco... según su tamaño y distribución de espacio en el VG. Podríamos decir que es el equivalente a una partición y se pueden crear tantos LVs como queramos, siempre que tengamos espacio en el VG.

El espacio de los VGs se divide en bloques denominados Physical Extents (PE), es decir, el espacio de un Logical Volume debe ser múltiplo del tamaño de una PE.

En la siguiente imagen podemos ver representado gráficamente lo que acabamos de explicar:

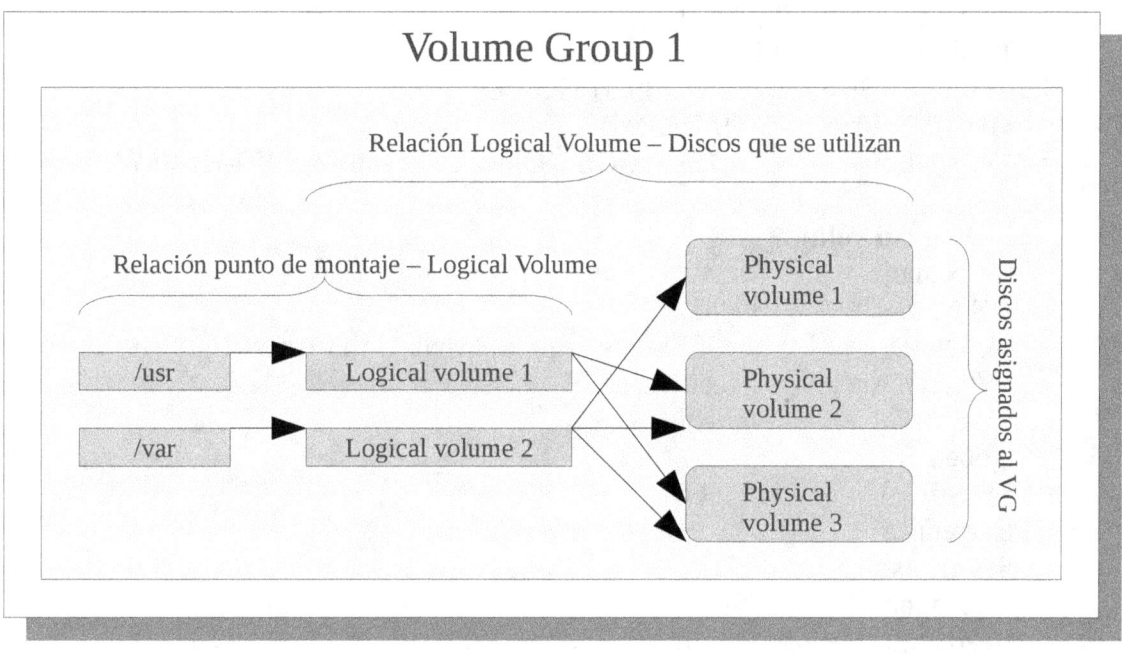

y, a continuación, presentamos una estructura LVM ya montada en un sistema con sus diferentes secciones marcadas en negrita:

```
[root@noname00 ~]# vgdisplay -v vg00
    Using volume group(s) on command line
    Finding volume group "vg00"
  --- Volume group ---
  VG Name               vg00
  System ID
  Format                lvm2
  Metadata Areas        3
  Metadata Sequence No  7
  VG Access             read/write
  VG Status             resizable
  MAX LV                0
  Cur LV                6
  Open LV               6
  Max PV                0
  Cur PV                3
  Act PV                3
  VG Size               239,41 GB
```

```
PE Size              32,00 MB
Total PE             7661
Alloc PE / Size      7658 / 239,31 GB
Free  PE / Size      3 / 96,00 MB
VG UUID              73DE9r-rwGz-KOmG-qCZQ-3nIZ-7Z7J-Uz3UYX
```

--- **Logical volume** ---
```
LV Name              /dev/vg00/lvvar
VG Name              vg00
LV UUID              ewFSSv-0zew-qn74-3MN8-tJYD-lvcB-HfgGYh
LV Write Access      read/write
LV Status            available
# open               1
LV Size              11,72 GB
Current LE           375
Segments             1
Allocation           inherit
Read ahead sectors   auto
- currently set to   256
Block device         253:0
```

--- **Logical volume** ---
```
LV Name              /dev/vg00/lvtmp
VG Name              vg00
LV UUID              7akx3G-YFsa-Ft0J-cQZJ-KVXq-aa1B-bTqNkY
LV Write Access      read/write
LV Status            available
# open               1
LV Size              9,75 GB
Current LE           312
Segments             1
Allocation           inherit
Read ahead sectors   auto
- currently set to   256
Block device         253:1
```

--- **Logical volume** ---
```
LV Name              /dev/vg00/lvusr
VG Name              vg00
LV UUID              qCB1Fe-FV49-QReg-hJ9M-enPe-57Ia-K17RUg
```

```
LV Write Access       read/write
LV Status             available
# open                1
LV Size               19,53 GB
Current LE            625
Segments              1
Allocation            inherit
Read ahead sectors    auto
- currently set to    256
Block device          253:2
```

--- **Logical volume** ---
```
LV Name               /dev/vg00/lvopt
VG Name               vg00
LV UUID               dzmlen-Pw9B-Sn9D-Kk4m-tzcx-nMfa-PpO0lr
LV Write Access       read/write
LV Status             available
# open                1
LV Size               182,22 GB
Current LE            5831
Segments              2
Allocation            inherit
Read ahead sectors    auto
- currently set to    256
Block device          253:3
```
--- **Logical volume** ---
```
LV Name               /dev/vg00/lvhome
VG Name               vg00
LV UUID               jTkoBb-CR8T-ethA-CVWv-NQVH-EP0P-NjDiP1
LV Write Access       read/write
LV Status             available
# open                1
LV Size               11,72 GB
Current LE            375
Segments              1
Allocation            inherit
Read ahead sectors    auto
- currently set to    256
Block device          253:4
```
--- **Logical volume** ---

```
  LV Name                /dev/vg00/lvswap
  VG Name                vg00
  LV UUID                XQS8ah-7b7a-3Kke-bTPz-7XRN-XEfS-Z83RuP
  LV Write Access        read/write
  LV Status              available
  # open                 1
  LV Size                4,38 GB
  Current LE             140
  Segments               1
  Allocation             inherit
  Read ahead sectors     auto
  - currently set to     256
  Block device           253:5

  --- Physical volumes ---
  PV Name             /dev/sda5
  PV UUID             yXKLi8-Iqkw-QC27-zfpf-KBCb-9iT4-2Goo4J
  PV Status           allocatable
  Total PE / Free PE  3 / 3

  PV Name             /dev/sda3
  PV UUID             P9S6KS-DIzG-CNAl-Lcdk-83Mz-VhCT-pmGrau
  PV Status           allocatable
  Total PE / Free PE  3176 / 0

  PV Name             /dev/sdb1
  PV UUID             NRRxsB-7xAF-wiGZ-Vkqa-XBpv-yZOY-raPOzb
  PV Status           allocatable
  Total PE / Free PE  4482 / 0

  [root@noname00 ~]#
```

Como podemos ver, cada punto de montaje coincide con un *Logical Volume*:

```
[root@noname00 ~]# mount |grep lv
/dev/mapper/vg00-lvvar on /var type xfs (rw)
/dev/mapper/vg00-lvtmp on /tmp type xfs (rw)
/dev/mapper/vg00-lvusr on /usr type xfs (rw)
/dev/mapper/vg00-lvopt on /opt type xfs (rw)
```

/dev/mapper/vg00-lvhome on /home type xfs (rw)
[root@noname00 ~]#

Creación de una estructura LVM

A continuación se adjunta un ejemplo de creación de una estructura LVM, bajo HP-UX:

- Creación de los volúmenes físicos para asignar una cabecera a cada dispositivo:

    pvcreate /dev/rdsk/c1t2d0
    pvcreate /dev/rdsk/c0t2d0

- Creación del directorio del nuevo volumen llamado *vgdatabase*:

    mkdir /dev/vgdatabase vgdatabase

- Creación del identificador único del dispositivo:

    mknod /dev/vgdatabase/group c 64 0x*hh*0000

- Creación del VG *vgdatabase*, formado por los discos indicados en el primer punto de este procedimiento:

    vgcreate /dev/vgdatabase /dev/dsk/c1t2d0
    vgextend /dev/vgdatabase /dev/dsk/c0t2d0

    En vez de hacer *vgcreate* y *vgextend*, podríamos haber separado con un espacio cada uno de los discos en la orden *vgcreate*, pero hemos creído conveniente aplicar el comando *vgextend* para mostrar como se incorpora un nuevo disco.

- Creación del volumen lógico de 120MB dentro del VG vgdatabase:

    lvcreate -L 120 -m 1 -s g /dev/vgdatabase

- Creación y montaje del filesystem:
    newfs -F vxfs /dev/vgdatabase/rlvol1
    mount /dev/vgdatabase/lvol1 /mnt1

Comandos de LVM

Ampliar un sistema de archivos

    extendfs /dev/vg00/rlvol3

Modificar las propiedades de un volumen lógico

    lvchange -t 60 /dev/vg00/lvol3

Crear un volumen lógico

    lvcreate -L 100 /dev/vg00

Eliminar un volumen lógico

    lvremove /dev/vg00/lvol6

Mostrar la información de los volúmenes lógicos

    lvdisplay -v /dev/vg00/lvol1

Creación de un mirror de un volumen lógico

    lvextend -m 1 /dev/vg00/lvol3

Eliminación de un mirror

    lvreduce -m 0 /dev/vg00/lvol3

Sincronizar dos LVs en mirror

    lvsync /dev/vg00/lvol1

Aumentar el tamaño de un volumen lógico

    lvextend -L 120 /dev/vg00/lvol3

Disminuir el tamaño de un volumen lógico

    lvreduce -L 100 /dev/vg00/lvol3

Crear un volumen físico

    pvcreate /dev/rdisk/disk2

Eliminar un volumen físico

    pvremove /dev/rdisk/disk2

Modificar las propiedades de un volumen físico

    pvchange -a n /dev/disk/disk2

Comprobar la consistencia de un volumen físico

    pvck /dev/disk/disk2

Guardar la configuración de LVM

vgcfgbackup vg00

Restaurar la configuración de LVM

vgcfgrestore -n /dev/vg00 /dev/rdisk/disk2

Acabamos de añadir un disco nuevo que ha sustituido a uno estropeado que no tenía ni mirror ni RAID.

Crear un VG

vgcreate /dev/vg01 /dev/disk/disk2 /dev/disk/disk3

Eliminar un VG del sistema

vgexport /dev/vg01

Elimina un grupo de volúmenes del sistema y los discos asociados

vgremove /dev/vg00 /dev/disk/disk2

Activar o desactivar un VG

vgchange -a y /dev/vg00
vgchange -a n /dev/vg00

Mostrar la configuración de un VG

vgdisplay -v /dev/vg00

Añadir un disco a un VG

vgextend /dev/vg00 /dev/disk/disk2

Importar un VG al sistema

\# mkdir /dev/vg04
\# mknod /dev/vg04/group c 640x0n0000
\# vgimport -v /dev/vg04

Eliminar un disco de un VG

vgreduce /dev/vg00 /dev/disk/disk2

Trasladar un VG de un servidor a otro

Un grupo de volúmenes solamente debería estar activo en un servidor para evitar corrupción de datos, sin embargo, se puede dar la circunstancia de que el servidor donde normalmente está activado, tenga alguna incidencia. Para que los datos sigan siendo accesibles, en los servicios de alta disponibilidad, los VGs están apuntando a discos externos accesibles también desde otro servidor. Para poder activar un VG en un sistema alternativo, hay que seguir los siguientes pasos:

- La primera vez que se crea el VG en el servidor original y cada vez que se modifica su configuración, ejecutar el siguiente comando:

  vgexport -p -s -m /tmp/NombreVG.map /dev/NombreVG

  El parámetro "-p" es importante para no eliminar el VG del sistema.

- En el servidor alternativo, creamos el *mknod* de la misma manera que existe en el servidor original.

  mkdir /dev/NombreVG
  mknod /dev/NombreVG/group c 64 0xhh0000

- Copiamos el fichero /*tmp/NombreVG.map* creado en el primer punto de este procedimiento, al servidor alternativo y ejecutamos:

    vgimport -s -m /tmp/vgdatabase.map /dev/vgdatabase

- Para activar el VG en el nuevo servidor, primero debemos desactivarlo en el original:

    vgchange -a n /dev/NombreVG

- Activamos el VG en el servidor alternativo:

    vgchange -a y /dev/NombreVG

- Montamos los filesystems con la orden *mount*:
    mount /dev/NombreVG/NombreLV/Punto_de_montaje

Administración de la red

Conceptos

Una red de comunicaciones está formada por elementos de hardware y software capaces de establecer una comunicación entre sí con el fin de intercambiar datos mediante un protocolo de comunicaciones determinado.

Elementos de hardware más destacados

- **Cableado**
- **Switches:** Los sistemas conectados a un único switch forman parte de la misma red.
- **Routers:** Se encargan de dirigir un paquete de información a la dirección de red

que corresponda.
- **Firewalls:** Establecen las políticas de seguridad en la red, es decir, dejan pasar o no un determinado tipo de tráfico, protocolo o conexión desde ciertos servidores o redes.
- **Balanceadores:** Se encargan de distribuir el tráfico entre las diferentes direcciones de red que tiene configuradas.
- **Proxy:** Se encarga de proporcionar una salida de tráfico hacia una red distinta. El proxy es el único componente conectado a otra red, por lo que el resto de servidores han de utilizarlo para poder acceder a otro equipo ubicado en la red externa.
- **Tarjetas de red:** Es el componente hardware que se encarga de establecer las conexiones de red con otros dispositivos. Pueden ser de cable (ethernet RJ45), de fibra óptica o inalámbricas (wifi).

Los elementos de software que podemos encontrar:

- Programas que también realizan funciones de proxy, firewall o balanceador de tráfico.
- **Protocolo de comunicaciones:** Son todas aquellas reglas que sirven para que dos programas, componentes de hardware o una mezcla de ambos, puedan intercambiar datos descifrables entre sí, es decir, el sistema origen y el destino han de hablar el mismo idioma para comprender lo que se están diciendo y enviarse la información correcta. Si el origen y el destino no utilizan el mismo protocolo, no podrán comunicarse jamás. El protocolo de comunicaciones más extendido en la actualidad, es el TCP/IP (**T**ransmission **C**ontrol **P**rotocol/**I**nternet **P**rotocol). TCP contiene el paquete de información e IP la dirección donde va dirigido dicho paquete.
- Otras aplicaciones, cliente servidor, que se comunican entre sí mediante un protocolo.

Montaje y funcionamiento de una estructura de red

A continuación presentamos lo que podría ser el montaje real de una estructura de red:

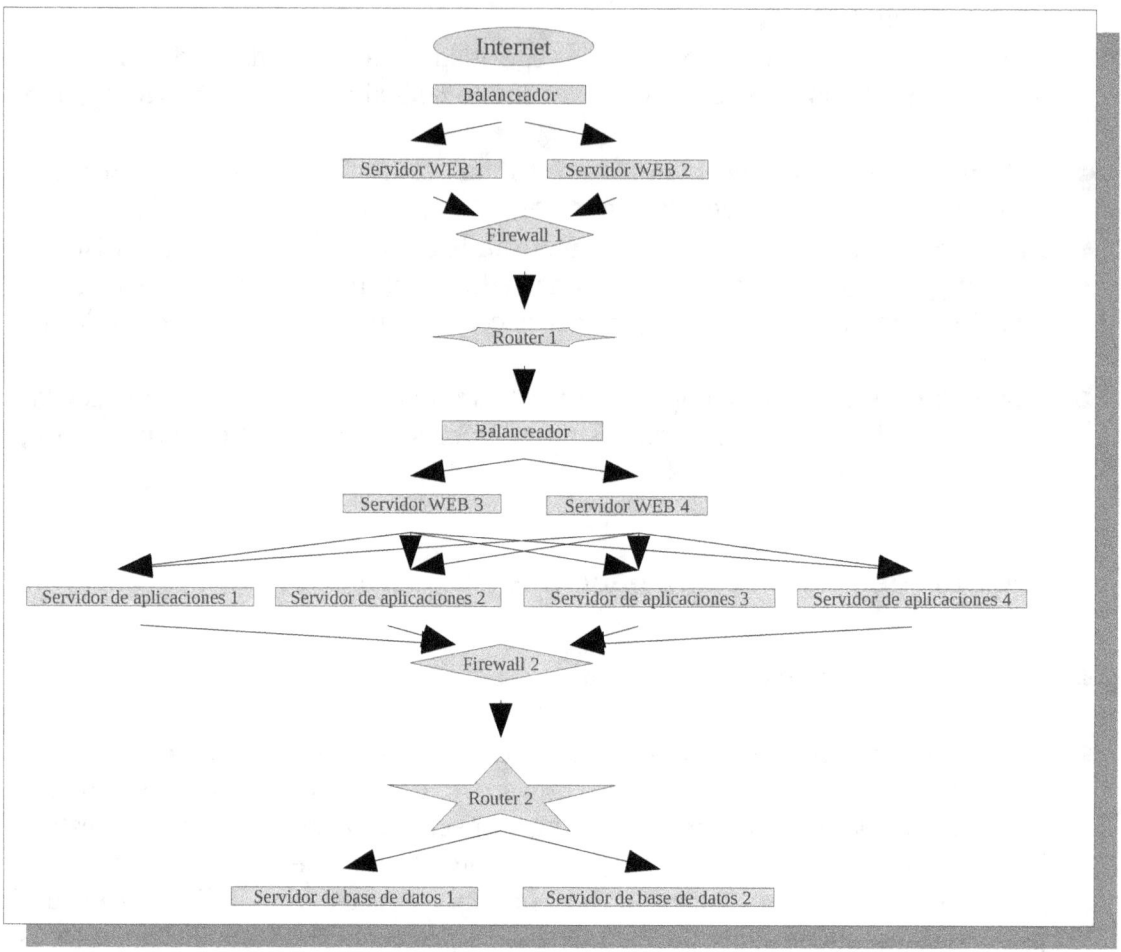

En el esquema anterior, un usuario se conecta a una página WEB a través de uno de los dos servidores WEB a los que el balanceador redirige la petición. Seguidamente, nos encontramos con un firewall que protege a la MZ (zona militarizada), que contiene un balanceador que redirige el tráfico a otros dos Webservers conectados a los servidores de aplicación. A la MZ no puede acceder ningún usuario de Internet, lo que significa que está protegida de ataques exteriores directos.

Las aplicaciones recogen los datos que se envían a los servidores de bases de datos, que también están protegidos por otro firewall, y devuelven el resultado a la página WEB que está consultando el usuario.

En el ejemplo anterior y en toda comunicación establecida, existe: un emisor, la información que se envía, el canal por donde se envía y el receptor. En el protocolo

TCP/IP dicha estructura se podría construir de la siguiente manera:

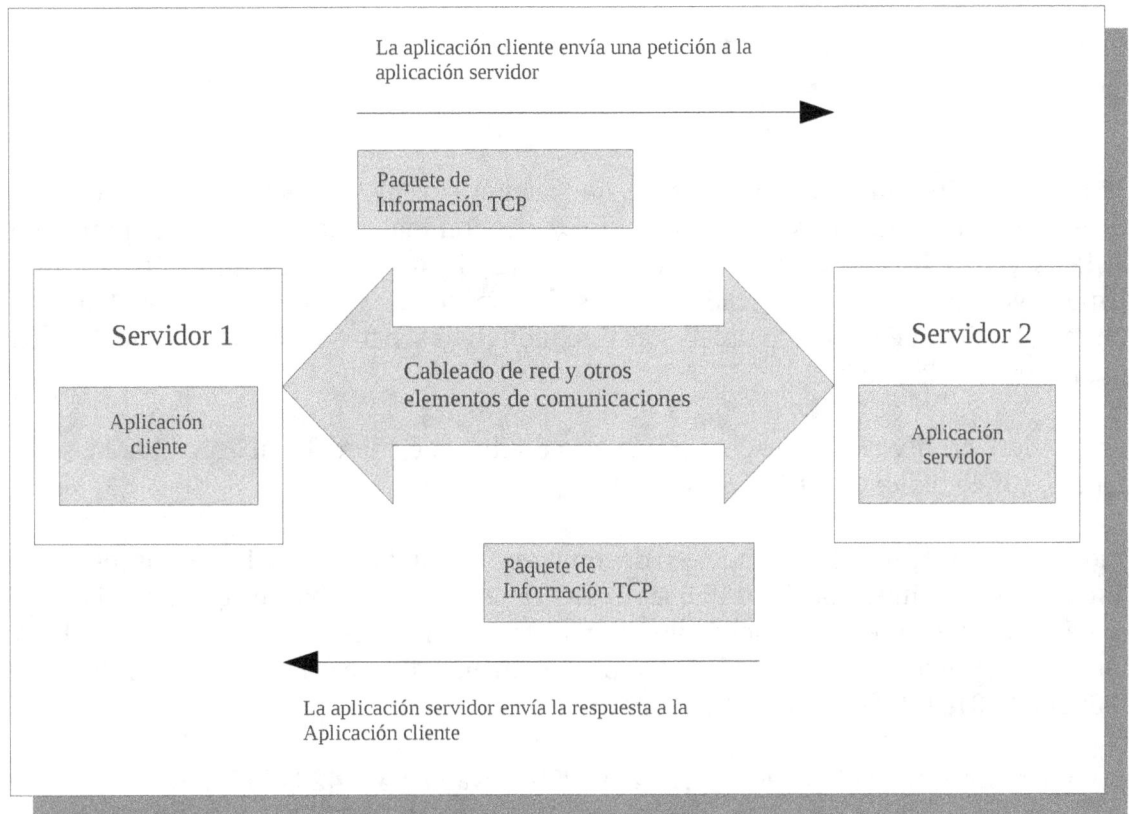

Servidor1 y *Servidor2* tienen una dirección IP única y hacen de emisores y receptores, según la tarea que tengan que realizar. La información que se envía son los paquetes TCP y, el canal, los elementos de comunicaciones.

En la vida real tenemos múltiples ejemplos del uso de esta tecnología. Por ejemplo, cuando vamos a un cajero a sacar dinero, vemos una aplicación con diferentes opciones, como la de consultar el saldo o sacar dinero. Esta es la aplicación cliente que reside en todos los cajeros de nuestra entidad bancaria pero por sí sola sería inútil. Necesita de una aplicación central que interprete nuestras peticiones, es decir, cuando llegamos al último paso del proceso de sacar dinero, la aplicación que reside en el cajero informa a la aplicación servidor que se encarga de realizar las validaciones necesarias (revisar en la base de datos si hay saldo suficiente, si no se ha pedido una cantidad de dinero superior al máximo permitido, etc.). La aplicación servidor enviará el código de validación correspondiente a la aplicación cliente para enseñarnos por

pantalla un código de error o darnos el dinero.
Con el fin de seguir introduciéndonos en el mundo de las comunicaciones, explicaremos una serie de conceptos algo más técnicos que se han de tener claros:

IP

Es una dirección única y exclusiva de un sistema con el fin de que, éste, pueda ser localizado dentro de una red. Actualmente, la versión más extendida de este protocolo es IPv4 y está basado en direcciones de 32 bits, lo que provoca que el número de dispositivos que salen al mercado capaces de conectarse a Internet, esté agotando el número máximo de IPs disponibles. Por este motivo ya existe el protocolo IPv6, basado en direcciones de 128 bits.

Una IP del tipo IPv4 se representa con cuatro dígitos que van del 0 al 255 separados por puntos, por ejemplo: 192.168.1.2.

Cada cuarteto es la representación decimal de un número binario. Si hacemos la conversión del número decimal 255 a binario veremos que su valor es igual a 11111111, es decir, cada cuarteto son ocho bits, por lo tanto, una dirección IP basada en IPv4 consta de treinta y dos bits, tal y como se comentaba anteriormente (192.168.1.2 = 11000000.10101000.00000001.00000010).

El número máximo de IPs del tipo IPv4 es: 256 elevado a 4 = 4294967296
El número máximo de IPs del tipo IPv6 es: 4294967295 elevado a 4 = 340282366604025813516997721482669850625

Máscara de red

Es un grupo de cuatro octetos que sirve para crear subredes y conocer si un paquete se ha de enviar dentro o fuera de la red local. Las redes de clase A son del tipo Octeto.X.X.X, por ejemplo, 192.X.X.X, donde las "X" son valores que van de 0 a 255. Las redes de clase B se representan por 192.168.X.X y las de clase C por 192.168.1.X, es decir, las redes de clase A estarán formadas por 16777216 IPs como máximo (256 elevado a 3), las de clase B podrán asignar 65536 IPs (256 elevado a 2) y las de clase C podrán tener hasta 256 IPs.

Para configurar una red de clase A, la multiplicación binaria de la IP por la máscara deberá dejar a 1 el primer octeto (por ejemplo: 11111111.00000000.00000000.00000000). Una red de clase B tendrá los primeros 16 bits a 1 y, por último, una red de clase C, tendrá los primeros 24 bits a 1 tras la multiplicación lógica. Recordar que la multiplicación binaria se hace bit a bit.

Ejemplo:

Partiendo de la IP 192.168.1.2:

- Pertenecerá a una red de clase A si su máscara de red es: 255.0.0.0

    La multiplicación lógica es:

    11000000.10101000.00000001.00000010
    11111111.00000000.00000000.00000000

    11111111.10101000.00000001.00000010

- Pertenecerá a una red de clase B si su máscara de red es: 255.255.0.0

    La multiplicación lógica es:

    11000000.10101000.00000001.00000010
    11111111.11111111.00000000.00000000

    11111111.11111111.00000001.00000010

- Pertenecerá a una red de clase C si su máscara de red es: 255.255.255.0

    La multiplicación lógica es:

```
11000000.10101000.00000001.00000010
11111111.11111111.11111111.00000000
-------------------------------------------------------
11111111.11111111.11111111.00000010
```

A continuación se representa una tabla de máscaras de red bajo Ipv4:

Binario	Decimal	CIDR
11111111.11111111.11111111.11111111	255.255.255.255	/32
11111111.11111111.11111111.11111110	255.255.255.254	/31
11111111.11111111.11111111.11111100	255.255.255.252	/30
11111111.11111111.11111111.11111000	255.255.255.248	/29
11111111.11111111.11111111.11110000	255.255.255.240	/28
11111111.11111111.11111111.11100000	255.255.255.224	/27
11111111.11111111.11111111.11000000	255.255.255.192	/26
11111111.11111111.11111111.10000000	255.255.255.128	/25
11111111.11111111.11111111.00000000	255.255.255.0	/24
11111111.11111111.11111110.00000000	255.255.254.0	/23
11111111.11111111.11111100.00000000	255.255.252.0	/22
11111111.11111111.11111000.00000000	255.255.248.0	/21
11111111.11111111.11110000.00000000	255.255.240.0	/20
11111111.11111111.11100000.00000000	255.255.224.0	/19
11111111.11111111.11000000.00000000	255.255.192.0	/18
11111111.11111111.10000000.00000000	255.255.128.0	/17
11111111.11111111.00000000.00000000	255.255.0.0	/16
11111111.11111110.00000000.00000000	255.254.0.0	/15
11111111.11111100.00000000.00000000	255.252.0.0	/14
11111111.11111000.00000000.00000000	255.248.0.0	/13
11111111.11110000.00000000.00000000	255.240.0.0	/12
11111111.11100000.00000000.00000000	255.224.0.0	/11
11111111.11000000.00000000.00000000	255.192.0.0	/10
11111111.10000000.00000000.00000000	255.128.0.0	/9
11111111.00000000.00000000.00000000	255.0.0.0	/8

11111110.00000000.00000000.00000000	254.0.0.0	/7
11111100.00000000.00000000.00000000	252.0.0.0	/6
11111000.00000000.00000000.00000000	248.0.0.0	/5
11110000.00000000.00000000.00000000	240.0.0.0	/4
11100000.00000000.00000000.00000000	224.0.0.0	/3
11000000.00000000.00000000.00000000	192.0.0.0	/2
10000000.00000000.00000000.00000000	128.0.0.0	/1
00000000.00000000.00000000.00000000	0.0.0.0	/0

Las direcciones IP en el protocolo IPV6 se representan de una manera diferente a como las vemos en IPV4. Puesto que IPV6 abarca un número mucho mayor de IPs, en los estándares RFC 2373 y RFC 2374 de 2003, se decidió que estas IPs se representarían como ocho octetos de cuatro dígitos con numeración hexadecimal, lo cuál, nos da una IP de 128 bits de longitud. Por lo tanto, la siguiente dirección IP sería válida en el protocolo IPV6:

1503:4AB5:8FD4:3DF1:2ED3:AA21:1357:1143

Direcciones broadcast

Son IPs que se utilizan para enviar un paquete de información a todos los sistemas a la vez en vez de enviar un paquete individual a cada uno de ellos.

La IP broadcast se representa:

En una red de clase A: Octeto.255.255.255
En una red de clase B: Octeto.Octeto.255.255
En una red de clase C: Octeto.Octeto.Octeto.255

Domain Name Server (DNS)

Contiene una tabla de correspondencias entre la dirección IP y su nombre escrito con letras y números, es decir, una dirección IP puede estar asociada a un nombre.

Por ejemplo, cuando tecleamos en nuestro navegador la URL http://www.misgastos.net, realmente estamos tecleando una dirección IP numérica, ya que el DNS se encarga de realizar la traducción. Esto se hace porque para los humanos es más fácil acordarse de un nombre que no de una gran cantidad de números.

Si no tenemos configurado ningún DNS, podemos hacer uso del fichero */etc/hosts*:

    [root@noname00 ~]# cat /etc/hosts
    # Do not remove the following line, or various programs
    # that require network functionality will fail.
    # [ipaddress] [longname] [shortname]

```
# Local network
127.0.0.1        localhost.localdomain localhost
::1              localhost6.localdomain6 localhost6
192.168.1.2      noname00.casita.es noname00
192.168.1.5      vmnoname00. vmnoname00

# Remote network
130.177.169.84 TC79551
[root@noname00 ~]#
```

Puerta de enlace (Gateway)

Es una IP configurada en un servidor capaz de poder conectarse a una red exterior como, por ejemplo, a Internet. El resto de sistemas de la red local tendrán que utilizar esta IP para poder comunicarse con servidores de otras redes.

IP de loopback

Es una IP local que se utiliza para identificar al propio dispositivo, diagnosticar problemas en la tarjeta de red o indicar que el destino de un paquete es nuestro propio servidor.

Esta IP se representa como 127.0.0.1.

Dinamyc Host Configuration Protocol (DHCP)

Es un protocolo de redes cliente-servidor, que se utiliza para obtener los parámetros de configuración de red, de manera automática.

MAC Address

Es la dirección física de la tarjeta de red. Esta dirección es única en el mundo para cada dispositivo y se escribe directamente en el hardware. Cada fabricante tiene su propio identificador. Esta dirección sirve para identificar físicamente a un equipo y poder crear reglas de tráfico específicas para él.

Puerto de comunicaciones

Sirve para establecer la comunicación con un servicio que está corriendo en el sistema, ya sea de un equipo remoto o local, a través de la red. Cuando nos queremos conectar a un equipo o a una aplicación cliente-servidor, necesitamos saber que servicio tenemos que utilizar (ssh, telnet, http, ftp, sftp, correo de entrada, de salida, proxy...). Cada uno está asociado a un puerto por el que escucha y debe ser único y exclusivo para cada aplicación del sistema. Por lo tanto, además de conocer la IP, necesitamos conocer el puerto para poder establecer una comunicación determinada.

Por ejemplo, cuando nos conectamos a una página WEB con el navegador, estamos utilizando el puerto 80, que corresponde al protocolo http, es decir, es lo mismo escribir http://www.misgastos.net, que http://www.misgastos.net:80, sin embargo, los administradores del sistema se reservan el derecho a modificar el puerto asignado por defecto con el fin de proteger un servicio de algún ataque malintencionado.

Existen 65535 puertos disponibles. Del 0 al 1024 están reservados para el protocolo TCP/UDP, y del 1024 en adelante para aplicaciones de usuario. Algunos de los puertos más utilizados son:

Puerto/protocolo	Descripción
9/tcp	Protocolo Discard. Elimina cualquier dato que recibe
9/udp	Protocolo Discard. Elimina cualquier dato que recibe
13/tcp	Protocolo Daytime. Fecha y hora actuales
19/tcp	Protocolo Chargen. Generador de caracteres
19/udp	Protocolo Chargen. Generador de caracteres
20/tcp	FTP - datos
21/tcp	FTP - control
22/tcp	SSH, SFTP y SFTP

23/tcp	Telnet
25/tcp	Simple Mail Transfer Protocol (SMTP)
37/tcp	Time
53/tcp	DNS
53/udp	DNS
69/udp	Trivial File Transfer Protocol (TFTP)
70/tcp	Gopher
79/tcp	Finger
80/tcp	HyperText Transfer Protocol (HTTP)
88/tcp	Kerberos - Agente de autenticación
110/tcp	Post Office Protocol (POP3)
123/udp	NTP Protocolo de sincronización de tiempo
123/tcp	NTP Protocolo de sincronización de tiempo
137/tcp	NetBIOS Servicio de nombres
137/udp	NetBIOS Servicio de nombres
138/tcp	NetBIOS Servicio de envío de datagramas
138/udp	NetBIOS Servicio de envío de datagramas
139/tcp	NetBIOS Servicio de sesiones
139/udp	NetBIOS Servicio de sesiones
143/tcp	Internet Message Access Protocol (IMAP4)
161/tcp	Simple Network Management Protocol (SNMP)
161/udp	Simple Network Management Protocol (SNMP)
162/tcp	SNMP-trap
162/udp	SNMP-trap
177/tcp	XDMCP - Protocolo de gestión de

	pantallas gráficas en X11
177/udp	XDMCP - Protocolo de gestión de pantallas gráficas en X11
389/tcp	LDAP
389/udp	LDAP
443/tcp	HTTPS
500/udp	IPSec ISAKMP, Autoridad de Seguridad Local
512/tcp	exec
513/tcp	login
514/udp	syslog - usado para logs del sistema
631/tcp	CUPS - sistema de impresión de UNIX
993/tcp	IMAP4 sobre SSL
995/tcp	POP3 sobre SSL
2049/tcp	NFS
3128/tcp	HTTP usado por web caches y, por defecto, en squid cache
6000/tcp	X11 usado para X-windows

En el fichero /etc/services podemos consultar mas puertos y protocolos asociados a los diferentes servicios.

Configuración de la red en un sistema UNIX

Pongamos por caso que nuestro administrador de comunicaciones nos da los siguientes datos para que nuestro sistema sea capaz de salir a Internet:

- **IP:** 192.168.1.2
- **Máscara de red:** 255.255.255.0
- **Broadcast:** 192.168.1.255
- **Gateway:** 192.168.1.1
- **DNS Primario:** 62.36.225.150
- **DNS Secundario:** 62.37.228.20

Y en nuestro sistema vemos que tenemos la interfaz de red *eth1*, tras comprobarlo con el comando *ifconfig*.

Configuración de la tarjeta de red

Cada sistema UNIX tiene su propio método de configuración de tarjetas de red. Por ejemplo, en un HP-UX utilizaremos SMH (antiguo SAM) o editaremos el fichero netconf. En el caso de un Linux, elegiremos ifconfig o también podremos editar manualmente el fichero de configuración. Como ya se ha comentado a lo largo del libro, lo que nos interesa es el concepto o saber lo que hay que hacer, por lo que cada administrador de sistemas deberá conocer qué comandos debe utilizar.

Para configurar una tarjeta de red con ifconfig, lo ejecutaremos con el usuario *root*, tal y como sigue:

    ifconfig eth1 192.168.1.2 netmask 255.255.255.0 broadcast 192.168.1.255 up

Ahora comprobamos que la interfaz se ha configurado correctamente:

    [root@noname00 ~]# ifconfig eth1
    eth1   Link encap:Ethernet HWaddr 00:18:F3:64:59:CD
            inet addr:192.168.1.2 Bcast:192.168.1.255 Mask:255.255.255.0

      inet6 addr: fe80::218:f3ff:fe64:59cd/64 Scope:Link
      UP BROADCAST RUNNING PROMISC MULTICAST MTU:1500
Metric:1
      RX packets:10839 errors:0 dropped:0 overruns:0 frame:0
      TX packets:10400 errors:0 dropped:0 overruns:0 carrier:0
      collisions:0 txqueuelen:1000
      RX bytes:1833596 (1.7 MiB) TX bytes:1154964 (1.1 MiB)
      Interrupt:16

[root@noname00 ~]#

Como podemos observar, con este comando vemos la MAC Address (HWAddr), la IP asignada a la interfaz, la IP de broadcast, la máscara de red, si esta red está levantada y si se están produciendo errores.

En sistemas donde intervienen switches, el admistrador del switch nos tendrá que indicar a qué velocidad tenemos que configurar la tarjeta de red (10, 100, 1000, full o half duplex).

Dependiendo del sistema operativo y del controlador de la tarjeta de red, utilizaremos un comando u otro.

- Ejemplo del estado de la velocidad de la configuración de la tarjeta de red en HP-UX:

    [root@noname00 ~]# lanadmin -x 0
    Speed = 100 Full-Duplex.
    Autonegotiation = Off.
    [root@noname00 ~]#

- Ejemplo del estado de la velocidad de la configuración de la tarjeta de red en Linux:

    [root@noname00 ~]# ethtool eth0
    Settings for eth0:
        Supported ports: [TP MII]
        Supported link modes: 10baseT/Half 10baseT/Full
                            100baseT/Half 100baseT/Full
        Supports auto-negotiation: Yes

> Advertised link modes: 10baseT/Half 10baseT/Full
> 100baseT/Half 100baseT/Full
>
> Advertised auto-negotiation: Yes
> Speed: 100Mb/s
> Duplex: Full
> Port: Twisted Pair
> PHYAD: 1
> Transceiver: internal
> Auto-negotiation: on
> Supports Wake-on: puag
> Wake-on: g
> Link detected: yes

- Ejemplo del estado de la velocidad de la configuración de la tarjeta de red en Linux con otro contralador diferente al anterior:

    > [root@noname00 ~]# mii-tool eth1
    > eth1: no autonegotiation, 10baseT-HD, link ok

Configuración del gateway

Tomamos como ejemplo el comando que se utiliza en un Linux RedHat:

> route add default gw 192.168.1.1

Una vez ejecutada la instrucción anterior, podemos comprobar si se ha aplicado la configuración:

```
[root@noname00 ~]# route
Kernel IP routing table
Destination   Gateway      Genmask         Flags Metric Ref   Use Iface
172.16.166.0  *            255.255.255.0   U     0      0       0 vmnet8
172.16.165.0  *            255.255.255.0   U     0      0       0 vmnet1
192.168.1.0   *            255.255.255.0   U     0      0       0 vmnet0
192.168.1.0   *            255.255.255.0   U     0      0       0 eth1
link-local    *            255.255.0.0     U     0      0       0 eth1
default       192.168.1.1  0.0.0.0         UG    0      0       0 vmnet0
```

[root@noname00 ~]#

Configuración de los DNSs

Editaremos el fichero */etc/resolv.conf* con los DNSs que nos han proporcionado, de la siguiente manera:

    [root@noname00 ~]# cat /etc/resolv.conf
    nameserver 62.36.225.150
    nameserver 62.37.228.20
    [root@noname00 ~]#

Una vez finalizados todos estos pasos, ya podremos salir a Internet:

    [root@noname00 ~]# ping www.misgastos.net
    PING www.misgastos.net (91.186.20.106) 56(84) bytes of data.
    64 bytes from 91.186.20.106: icmp_seq=1 ttl=53 time=67.2 ms
    64 bytes from 91.186.20.106: icmp_seq=2 ttl=53 time=66.2 ms
    64 bytes from 91.186.20.106: icmp_seq=3 ttl=53 time=66.6 ms
    64 bytes from 91.186.20.106: icmp_seq=4 ttl=53 time=66.5 ms
    ^C
    --- www.misgastos.net ping statistics ---
    4 packets transmitted, 4 received, 0% packet loss, time 3435ms
    rtt min/avg/max/mdev = 66.246/66.692/67.289/0.456 ms
    [root@noname00 ~]# [root@noname00 ~]#

Configuración de una IP virtual

A una tarjeta de red se le puede asignar más de una IP. Esto es lo que se llama IP virtual y sirve para configurar varios servicios o aplicaciones por IPs distintas utilizando la misma tarjeta de red física. Cada una de las IPs puede utilizar los 65535 puertos disponibles y todas deben pertenecer a la misma red (ya que el cableado de red no cambia).

A continuación vamos a configurar la IP virtual 192.168.1.10 en la interfaz de red *eth1*:

```
[root@noname00 ~]# ifconfig eth1:1 192.168.1.10 netmask 255.255.255.0 broadcast 192.168.1.255 up
```

Y comprobamos la configuración:

```
[root@noname00 ~]# ifconfig
eth1      Link encap:Ethernet  HWaddr 00:18:F3:64:59:CD
          inet addr:192.168.1.2  Bcast:192.168.1.255  Mask:255.255.255.0
          inet6 addr: fe80::218:f3ff:fe64:59cd/64 Scope:Link
          UP BROADCAST RUNNING PROMISC MULTICAST  MTU:1500  Metric:1
          RX packets:20261 errors:0 dropped:0 overruns:0 frame:0
          TX packets:19108 errors:0 dropped:0 overruns:0 carrier:0
          collisions:0 txqueuelen:1000
          RX bytes:2454045 (2.3 MiB)  TX bytes:1746619 (1.6 MiB)
          Interrupt:16

eth1:1    Link encap:Ethernet  HWaddr 00:18:F3:64:59:CD
          inet addr:192.168.1.10  Bcast:192.168.1.255  Mask:255.255.255.0
          UP BROADCAST RUNNING PROMISC MULTICAST  MTU:1500  Metric:1
          Interrupt:16


[root@noname00 ~]# ping 192.168.1.10
PING 192.168.1.10 (192.168.1.10) 56(84) bytes of data.
64 bytes from 192.168.1.10: icmp_seq=1 ttl=64 time=0.039 ms
64 bytes from 192.168.1.10: icmp_seq=2 ttl=64 time=0.037 ms
64 bytes from 192.168.1.10: icmp_seq=3 ttl=64 time=0.038 ms
^C
--- 192.168.1.10 ping statistics ---
3 packets transmitted, 3 received, 0% packet loss, time 2342ms
rtt min/avg/max/mdev = 0.037/0.038/0.039/0.000 ms
[root@noname00 ~]#
```

En el comando de configuración ifconfig, hay que destacar el nombre de la tarjeta de red indicada: *eth1:1*. Esto significa que hemos configurado la **primera** IP virtual. Si quisiéramos configurar una **segunda**, utilizaríamos eth1:**2**, y así sucesivamente. Nótese también que la MAC Address coincide en ambas interfaces de red (física y virtual).

Borrar la configuración de una interfaz de red

- Paramos la interfaz:

    [root@noname00 ~]# ifconfig eth1:1 down

- La eliminamos:

    Si se trata de una interfaz física, es decir, no virtual nos situaremos en el directorio */etc/sysconfig/network-scripts*, eliminaremos el fichero de configuración asociado, por ejemplo, *ifcfg-eth1*, y reiniciaremos los servicios de red con el comando de RedHat: *service network restart*.

Configuración de una interfaz *bridge*

Una interfaz *bridge* (puente en inglés) es un enlace entre dos interfaces de red que pueden pertenecer a redes distintas. Este sistema hace posible que un servidor de una red pueda comunicarse con otro servidor de otra red como si ambos sistemas perteneciesen a la misma.

Imaginemos un sistema UNIX BSD con dos tarjetas de red. Una de ellas utiliza cableado de tipo RJ45 y la otra de fibra óptica. Ambas tarjetas están configuradas con redes distintas y queremos hacer un puente entre ellas. La primera interfaz responde al nombre de *ep0*, mientras que la segunda se llama *fxp0*. Para hacer el puente, editaremos el fichero *bridgename.bridbge0*, de la siguiente manera:

    [root@noname00 ~]# cat brid gename.bridge0
    add fxp0
    add ep0
    up
    [root@noname00 ~]#

y reiniciaremos los servicios de red con el comando */etc/netstart*.

Ahora que están tan de moda los servidores virtuales del tipo VMWare, VirtualBox o Integrity Virtual Machines, por citar algunos, este tipo de conexión nos puede ser útil para establecer la conexión de un servidor virtual con su sistema "padre". Utilizaremos un RedHat Linux, una interfaz típica de VMWare (vmnet0), una interfaz del sistema (eth1) y el software *bridge-utils* para configurar el puente. Lo haremos de la siguiente manera:

```
[root@noname00 /]# cat /etc/init.d/creabridge
# Configuración de la interfaz "Bridge"

# Se declara la interfaz bridge
brctl addbr br0

# Se añaden las interfaces que formarán parte del bridge
brctl addif br0 vmnet0
brctl addif br0 eth1

brctl setageing vmnet0 0
brctl sethello vmnet0 30
brctl setmaxage vmnet0 180

ifconfig br0 192.168.1.3 netmask 255.255.255.0 up

# Se reinician los servicios de red para que se aplique el cambio.

service network restart
[root@noname00 /]#
```

Tablas ARP

Las tablas ARP contienen la relación entre la MAC Address y la IP lógica.

```
[noname00]root:/root # arp -a
172.23.65.1 (172.23.65.1) at 0:0:5e:0:1:1 ether
7.1.2.6 (7.1.2.6) at 40:0:22:22:c6:7c rif - ieee802.5
```

```
            7.1.1.4 (7.1.1.4) at 0:8:de:1:63:66 rif - ieee802.5
            7.1.1.1 (7.1.1.1) at 0:50:d1:32:a:38 rif - ieee802.5
            172.27.1.131 (172.27.1.131) -- no entry
            172.23.84.183 (172.23.84.183) at 0:4:23:a7:19:72 ether
            10.242.230.129 (10.242.230.129) -- no entry
            172.27.1.5 (172.27.1.5) -- no entry
            lan_console (172.23.65.16) at 0:30:6e:4b:c9:e7 ether
            172.23.65.2 (172.23.65.2) at 0:2:85:27:3f:20 ether
            10.240.1.1 (10.240.1.1) -- no entry
            [noname00]root:/root #
```

Para que las direcciones físicas se puedan conectar con las direcciones lógicas, el protocolo ARP pregunta a todos los equipos de la red sus direcciones físicas, lanzando una llamada a la IP de broadcast. Luego guarda en la memoria caché una relación entre la MAC Address y la IP numérica con el fin de agilizar la traducción.

Cuando se sustituye una tarjeta de red, todos los dispositivos que forman la red, como, por ejemplo, un router, tardan un tiempo en refrescar su propia tabla ARP. Si queremos forzar el refresco, podemos eliminar las entradas que nos interesen en nuestro sistema y luego probar una conexión hacia las IPs afectadas. Se haría de la siguiente manera:

```
        arp -d 172.23.65.1
        ping 172.23.65.1
```

Otros comandos de sistema relacionados con las redes

ping

Testea la conectividad desde nuestro sistema hacia una IP. Utiliza la señal 8 del protocolo ICMP.

```
        [root@noname00 ~]# ping www.misgastos.net
        PING www.misgastos.net (91.186.20.106) 56(84) bytes of data.
        64 bytes from 91.186.20.106: icmp_seq=1 ttl=53 time=65.0 ms
```

```
64 bytes from 91.186.20.106: icmp_seq=2 ttl=53 time=65.9 ms
64 bytes from 91.186.20.106: icmp_seq=3 ttl=53 time=66.4 ms
64 bytes from 91.186.20.106: icmp_seq=4 ttl=53 time=64.5 ms
64 bytes from 91.186.20.106: icmp_seq=5 ttl=53 time=67.2 ms
64 bytes from 91.186.20.106: icmp_seq=6 ttl=53 time=67.4 ms
64 bytes from 91.186.20.106: icmp_seq=7 ttl=53 time=65.8 ms
^C
--- www.misgastos.net ping statistics ---
7 packets transmitted, 7 received, 0% packet loss, time 6396ms
rtt min/avg/max/mdev = 64.529/66.075/67.453/1.005 ms
[root@noname00 ~]#
```

traceroute

Muestra el camino de conexión que seguimos hasta llegar a conectarnos con la IP de destino:

```
[root@noname00 ~]# traceroute www.google.com
```

```
   traceroute to www.l.google.com (64.233.169.99), 64 hops max, 40 byte packets
 1  * * *
 2  172.16.183.1 (172.16.183.1)  23 ms  23 ms  22 ms
 3  10.127.66.229 (10.127.66.229) [MPLS: Label 1479 Exp 0]  38 ms  51 ms  38 ms
 4  cnt-00-tge1-0-0.gw.cantv.net (200.44.43.85)  38 ms  38 ms  37 ms
 5  cri-00-pos1-0-0.border.cantv.net (200.44.43.50)  51 ms  43 ms  43 ms
 6  sl-st21-mia-14-1-0.sprintlink.net (144.223.245.233)  94 ms  93 ms  93 ms
 7  sl-bb20-mia-5-0-0.sprintlink.net (144.232.9.198)  95 ms  93 ms  93 ms
 8  sl-crs1-mia-0-4-0-0.sprintlink.net (144.232.2.248)  94 ms  95 ms  95 ms
 9  sl-crs1-atl-0-0-0-1.sprintlink.net (144.232.20.48)  104 ms  104 ms  103 ms
10  sl-st20-atl-1-0-0.sprintlink.net (144.232.18.133)  104 ms  103 ms *
11  144.223.47.234 (144.223.47.234)  103 ms  103 ms  103 ms
12  64.233.174.86 (64.233.174.86)  98 ms  97 ms 64.233.174.84 (64.233.174.84)  103 ms
13  216.239.48.68 (216.239.48.68)  105 ms  104 ms  106 ms
14  72.14.236.200 (72.14.236.200)  106 ms * 105 ms
```

15 72.14.232.21 (72.14.232.21) 110 ms 109 ms 107 ms
16 * yo-in-f99.google.com (64.233.169.99) 100 ms 99 ms

netstat

Nos da información sobre las conexiones activas en nuestro sistema. Si consultamos la ayuda del comando mediante *man*, podremos ver las combinaciones de los diferentes parámetros que existen para conseguir la información que nos interese. Se adjuntan algunos ejemplos:

- Vemos las 15 primeras conexiones activas:

```
[root@noname00 ~]# netstat |head -15
Active Internet connections (w/o servers)
Proto Recv-Q Send-Q Local Address           Foreign Address         State
Active UNIX domain sockets (w/o servers)
Proto RefCnt Flags      Type       State         I-Node Path
unix  2      [ ]        DGRAM                    396    @/com/ubuntu/upstart
unix  2      [ ]        DGRAM                    712    @/org/kernel/udev/udevd
unix  4      [ ]        DGRAM                    21647  /dev/log
unix  2      [ ]        DGRAM                    6249   @/org/freedesktop/hal/udev_event
unix  3      [ ]        STREAM     CONNECTED     23168  /tmp/.esd-500/socket
unix  3      [ ]        STREAM     CONNECTED     23167
unix  3      [ ]        STREAM     CONNECTED     23159  /var/run/dbus/system_bus_socket
unix  3      [ ]        STREAM     CONNECTED     23158
unix  3      [ ]        STREAM     CONNECTED     23152  /tmp/orbit-David/linc-189e-0-211a568b80254
unix  3      [ ]        STREAM     CONNECTED     23151
unix  3      [ ]        STREAM     CONNECTED     23149  /tmp/orbit-David/linc-100c-0-5e19795a49f80
[root@noname00 ~]#
```

- Sacamos información sobre las interfaces de red:

```
[root@noname00 ~]# netstat -ni
Kernel Interface table
Iface       MTU Met    RX-OK RX-ERR RX-DRP RX-OVR    TX-OK TX-ERR TX-DRP TX-OVR Flg
eth1       1500 0     35906     0      0      0     30333    0     0 BMPRU
lo        16436 0      2900     0      0      0      2900    0     0 LRU
vmnet0     1500 0     30876     0      0      0     30295    0     0 BMRU
vmnet1     1500 0         0     0      0      0        27    0     0 BMRU
vmnet8     1500 0         0     0      0      0        27    0     0 BMRU
[root@noname00 ~]#
```

- Vemos las primeras 15 conexiones activas con el protocolo de comunicaciones utilizado, el puerto y el estado:

```
[root@noname00 ~]# netstat -an |head -15
Active Internet connections (servers and established)
Proto Recv-Q Send-Q Local Address          Foreign Address        State
tcp      0      0   0.0.0.0:902            0.0.0.0:*              LISTEN
tcp      0      0   0.0.0.0:43338          0.0.0.0:*              LISTEN
tcp      0      0   0.0.0.0:8333           0.0.0.0:*              LISTEN
tcp      0      0   0.0.0.0:111            0.0.0.0:*              LISTEN
tcp      0      0   127.0.0.1:8307         0.0.0.0:*              LISTEN
tcp      0      0   0.0.0.0:22             0.0.0.0:*              LISTEN
tcp      0      0   127.0.0.1:631          0.0.0.0:*              LISTEN
tcp      0      0   0.0.0.0:25             0.0.0.0:*              LISTEN
tcp      0      0   0.0.0.0:8222           0.0.0.0:*              LISTEN
tcp      0      0   ::ffff:127.0.0.1:8005  :::*                   LISTEN
tcp      0      0   :::139                 :::*                   LISTEN
tcp      0      0   :::14029               :::*                   LISTEN
[root@noname00 ~]#
```

- Obtenemos la tabla de rutas:

```
[root@noname00 ~]# netstat -nr
Kernel IP routing table
Destination     Gateway         Genmask         Flags   MSS Window  irtt Iface
172.16.166.0    0.0.0.0         255.255.255.0   U       0 0         0    vmnet8
```

172.16.165.0	0.0.0.0	255.255.255.0	U	0 0	0	vmnet1
192.168.1.0	0.0.0.0	255.255.255.0	U	0 0	0	vmnet0
192.168.1.0	0.0.0.0	255.255.255.0	U	0 0	0	eth1
169.254.0.0	0.0.0.0	255.255.0.0	U	0 0	0	eth1
0.0.0.0	192.168.1.1	0.0.0.0	UG	0 0	0	vmnet0

[root@noname00 ~]#

Según la versión de netstat que tengamos, la información obtenida por los parámetros puede variar.

hostname

Muestra en pantalla el nombre de nuestro sistema.

    [root@noname00 ~]# hostname
noname00
    [root@noname00 ~]#

Cada UNIX puede tener su propio fichero de configuración para guardar esta información. Por ejemplo, en un RedHat se guarda en:

    [root@noname00 etc]# more /etc/sysconfig/network
    NETWORKING=yes
    HOSTNAME=noname00
    DOMAINNAME=casita.es
    IPV6_DEFAULTGW=
    [root@noname00 etc]#

O en un sistema HP-UX se puede utilizar el comando *set_parms*:

    [stsint1] root:/etc # set_parms
    Usage: set_parms <argument>
       Where <argument> can be:
    hostname
    timezone → El timezone se guarda en la variable de entorno $TZ
    date_time
    root_passwd

> ip_address
> addl_netwrk
>   or initial (for entire initial boot-time dialog sequence)

Cada administrador deberá documentarse según la versión de UNIX que esté utilizando.

domainname

Muestra el nombre del dominio al que pertenece nuestro sistema. Un dominio es un nombre común que sirve para agrupar un conjunto de servidores. Por ejemplo, los servidores que forman una página WEB podrían seguir la siguiente filosofía:

> Webserver1.miweb.com
> Webserver2.miweb.com
> Applicationserver1.miweb.com
> Applicationserver2.miweb.com
> BBDD1.miweb.com
> BBDD2.miweb.com

Los dos primeros sistemas hacen la función de servidores WEB mediante el software Apache. Los dos siguientes contienen la aplicación que utilizamos en la página WEB, escrita en JAVA y configurada en alta disponibilidad mediante el servidor de aplicaciones Weblogic. Los dos últimos tienen instaladas las bases de datos Oracle que necesita la aplicación para guardar o consultar información. Cada uno de los servidores que forman parte del servicio tienen su propia IP, sistema operativo y demás configuraciones específicas, pero todos pertenecen a un dominio común: miweb.com.

Para impedir que dos entidades diferentes utilicen el mismo nombre de dominio público en Internet, existen organizaciones a nivel mundial encargadas de administrar tanto el rango de IPs como los nombres de dominio que puede utilizar cada entidad, ya sea un país, una empresa, una región o un particular.

nslookup

Muestra la relación entre una IP y su nombre asociado.

```
[root@noname00 sysconfig]# nslookup www.misgastos.net
Server:         62.36.225.150
Address:        62.36.225.150#53
Non-authoritative answer:
Name: www.misgastos.net
Address: 91.186.20.106
[root@noname00 sysconfig]#
```

telnet

Inicia una sesión en un sistema remoto. La sintaxis más utilizada es:

telnet IP puerto

ssh

Inicia una sesión cifrada en un sistema remoto. Lo podemos utilizar como:

ssh usuario@IP

Más adelante entraremos en más detalle sobre el funcionamiento y configuración de las conexiones encriptadas.

finger

Nos da información sobre los usuarios conectados a la misma red.

```
[root@noname00]# finger usuario1
Login: usuario1                    Name: usuario1
Directory: /home/usuario1          Shell: /bin/bash
On since lun nov 24 18:55 (CET) on tty7 from :0
On since lun nov 24 19:16 (CET) on pts/0 from :0.0
On since lun nov 24 20:11 (CET) on pts/1 from :0.0
   14 seconds idle
```

No mail.
No Plan.
[root@noname00]#

talk

Sirve para iniciar una conversación con otro usuario conectado a la misma red. Es uno de los primeros programas de chat que existen.

rpcinfo

Da la lista de todos los programas que están haciendo uso del demonio RPC (en inglés Remote Call Procedure). Este servicio sirve para que una aplicación pueda ejecutar código en un sistema remoto.

```
[root@noname00 ~]# rpcinfo
   program version netid   address             service    owner
   100000  4       tcp     0.0.0.0.0.111       portmapper superuser
   100000  3       tcp     0.0.0.0.0.111       portmapper superuser
   100000  2       tcp     0.0.0.0.0.111       portmapper superuser
   100000  4       udp     0.0.0.0.0.111       portmapper superuser
   100000  3       udp     0.0.0.0.0.111       portmapper superuser
   100000  2       udp     0.0.0.0.0.111       portmapper superuser
   100000  4       local   /var/run/rpcbind.sock  portmapper superuser
   100000  3       local   /var/run/rpcbind.sock  portmapper superuser
   100000  2       local   /var/run/rpcbind.sock  portmapper superuser
   100024  1       udp     0.0.0.0.25.159      status     unknown
   100024  1       tcp     0.0.0.0.169.74      status     unknown
[root@noname00 ~]#
```

El proxy *squid*

Conceptos

Un proxy es un servidor que separa dos redes diferentes. Entre sus funciones destacan:

- Centralizar el tráfico entre ambas redes.
- Acelerar el acceso a contenidos WEB mediante una caché.
- Restringir cierto tipo de tráfico según una serie de reglas establecidas en su fichero de configuración.
- Permitir el acceso a otras redes, como Internet, a servidores ubicados en una red privada.
- Guardar un registro del tráfico de red.

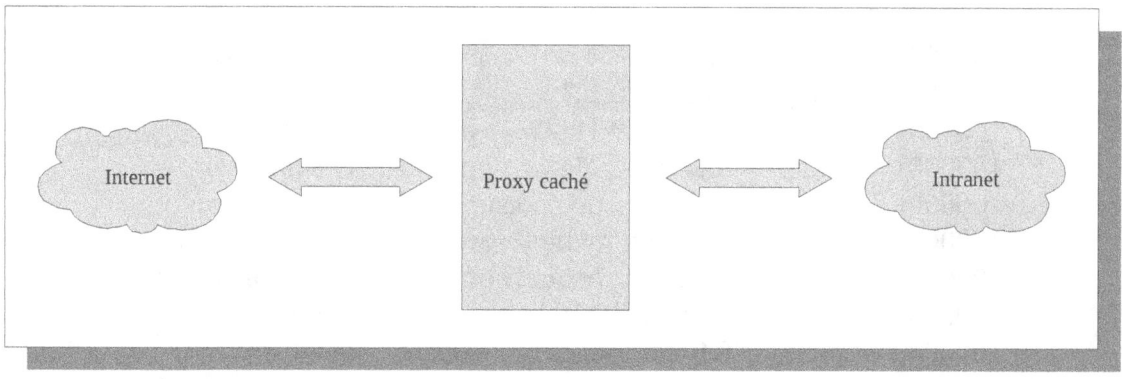

Pongamos por caso que tenemos un servidor en una red protegida, sin conexión a Internet, y hemos detectado una vulnerabilidad en una aplicación que ha de conectarse a Internet, mediante una herramienta propia de actualización online, para descargarse un parche que soluciona el agujero de seguridad. En este caso, el servidor de aplicaciones puede utilizar un *proxy* con salida a Internet y descargar el software que necesite.

Tal y como se comentaba anteriormente, un *proxy* puede servir para acelerar la carga de páginas WEB. Esto se consigue mediante la memoria caché que utiliza. En este tipo de memoria se almacenan datos obtenidos de otras peticiones anteriores con el fin de no tener que conectarse a la página WEB original para descargarse un dato requerido. Puesto que la información ya la tiene almacenada localmente, el acceso a este dato es muy rápido y, por lo tanto, la página WEB carga con más rapidez y se disminuye el tráfico que circula por la red. Cuando el dato necesitado de una página WEB es más nuevo que el almacenado en la memoria caché, sí que es necesario conectarse a la página original.

squid es un software libre, bajo licencia GPL, muy utilizado en el mundo UNIX que lleva desarrollándose desde hace varios años. La página WEB oficial es http://www.squid-cache.org/

Configuración de *squid*

El fichero de configuración de este proxy, generalmente, está en la ruta */etc/squid/squid.conf*. A continuación se explicarán algunos de sus parámetros más útiles:

- **visible_hostname** *Nombre:* El proxy tendrá su propio hostname.
- **cache_effective_user** *proxy* y **cache_effective_group** *proxy*: Se define el usuario y grupo de sistema que administrará el proxy. En este caso, tanto el usuario como el grupo de llama *proxy*.
- **http_port:** Se establece el puerto de comunicaciones que utilizará squid. También se puede forzar una IP exclusiva de uso.

    http_port 3128
    http_port 192.168.1.2:3128

- **dns_nameservers:** Se indican los servidores DNS que utilizará el proxy.

    dns_nameservers 7.2.1.144

- **cache_mem 120 MB:** Se establece la cantidad de memoria física asignada a la caché.
- **cache_dir:** Se configura el espacio de disco destinado a la caché.

Ejemplo:

cache_dir ufs /var/spool/squid 100 15 150

Acabamos de destinar 100MB de disco, permitimos 15 directorios de primer nivel y 150 de segundo.

- **acl [nombre_lista] src [componentes_lista]**: Esta opción sirve para permitir el acceso al proxy a una serie de servidores de la red privada. En el parámetro *src* se indican las IPs que tienen acceso.
Ejemplo:

    acl MiRed src 130.177.169.0 localhost 172.23.2.137

    También se pueden crear reglas para denegar el acceso a ciertos servidores de la red externa:

    acl web_denegadas dstdomain .sex.com

    También se pueden limitar los puertos de conexión:

    acl SSL_ports port 443 445
    acl CONNECT method CONNECT
    http_access deny !SSL_ports
    http_access deny CONNECT !SSL_ports

    En este caso se ha creado una lista llamada *SSL_ports* que permite la conexión a los puertos 443 y 445 mediante el método *CONNECT*.

    Se pueden definir horarios de conexión:

    acl IP_permitidas src 192.168.1.2 192.168.1.3
    acl horario time MTWHF 8:00-18:00 horario laboral
    acl servdor1 src 192.168.1.25
    acl mañana time 8:00-13:00

- **http_access:** Se especifican las IPs permitidas o denegadas al uso de squid.

    http_access allow MiRed !Ips_denegadas

Si dentro de las IPs agrupadas en *MiRed* existen algunas a las que queremos denegar el uso, pondremos el símbolo "!" delante de las IPs que nos interese.

- **cache_mgr** *email*: Se define una dirección de correo a la cual, se le notifican incidencias relacionadas con la caché.
- **httpd_accel_host** *servidor*: Se configura el servidor que se quiere acelerar, es decir, en caso de una página WEB, si la original no ha sufrido ningún cambio respecto a los datos almacenados en la caché, estos datos se obtendrán de la caché y no del servidor original para obtener un tiempo de carga de la página más rápido. Con *httpd_accel_host virtual*, indicamos que queremos acelerar más de un servidor.

Arranque de *squid*

La primera vez que se arranca, se ha de ejecutar el comando *squid -z* para que cree la estructura de directorios, luego ya podemos utilizar */etc/rc.d/init.d/squid {start|stop| reload|force-reload|restart}*.

Para testear el correcto funcionamiento del proxy, ejecutaremos el comando squidclient http://www.misgastos.net o configuraremos nuestro navegador con la IP y el puerto que hemos configurado previamente:

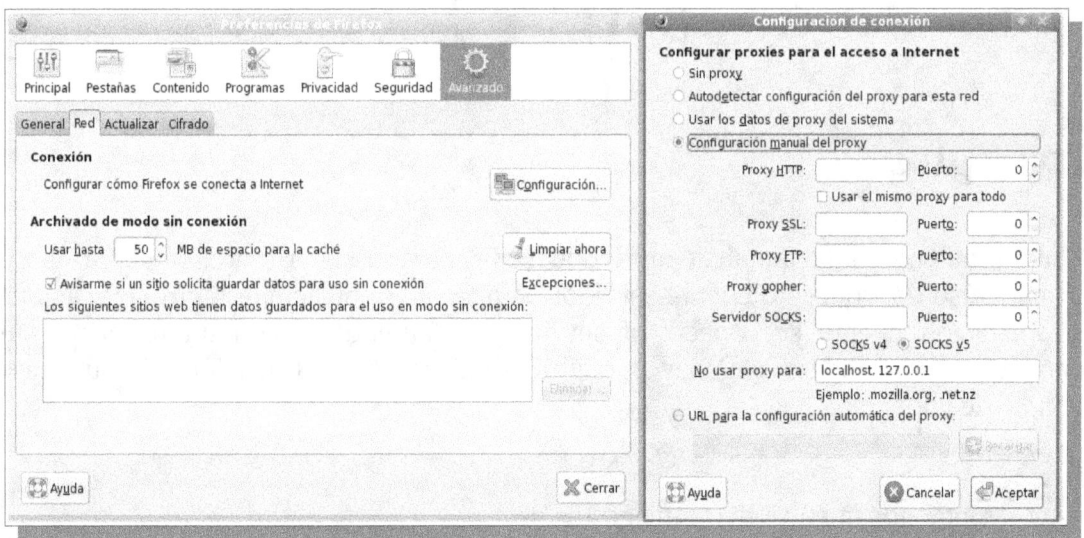

Un ejemplo sencillo de configuración:

```
visible_hostname noname00.com

dns_testnames localhost

http_port 3128
cache_effective_user sqdadm

cache_access_log /etc/squid/logs/access.log
cache_log /etc/squid/logs/cache.log
cache_store_log /etc/squid/logs/store.log
pid_filename /etc/logs/squid.pid

cache_dir ufs /etc/squid/cache 100 16 256
coredump_dir /etc/squid/cache

acl All src 0/0
acl MyNetwork src 130.177.169.0 localhost 172.23.2.137

http_access allow MyNetwork
http_access deny All
```

File Transfer Protocol (FTP)

Conceptos

Es un protocolo de comunicaciones que sirve para transferir archivos por la red, haciendo uso del concepto cliente-servidor para las comunicaciones entre aplicaciones. La aplicación cliente se conecta al servidor, se autentifica con un usuario y una contraseña y ya podemos enviar y recibir archivos. A continuación se muestra un ejemplo de conexión:

```
[root@noname00 ~]# ftp misgastos.net
```

```
Connected to misgastos.net (91.186.20.106).
220 ProFTPD 1.2.10 Server (sc12.co.uk) [91.186.20.106]
Name (misgastos.net:usuario1): usuario1
331 Password required for usuario1.
Password:
230 User usuario1 logged in.
Remote system type is UNIX.
Using binary mode to transfer files.
ftp>
```

Una vez loginados, podemos teclear los comandos FTP que necesitemos:

Comando	Función
!	Ejecuta un comando del sistema operativo local
$	Ejecuta una macro
?/help	Muestra una ayuda
account	Envía un comando a la cuenta del servidor remoto
append	Concatena un archivo
ascii	La transferencia es para archivos de tipo ASCII
bell	Suena una campanilla cuando el comando se ha completado
binary	La transferencia de archivos es de tipo binario
bye	Finaliza la sesión
case	Mapeo de letras iguales
cd	Entrar o salir de un directorio
cdup	Vamos al directorio padre en el servidor remoto
chmod	Cambio de permisos en el servidor remoto
close	Finalizar la sesión FTP
cr	Retorno de carro
delete	Borrar un archivo en el servidor remoto
dir/ls	Vemos el contenido del directorio remoto

disconnect	Finaliza la sesión de FTP
get	Copiamos un archivo del servidor remoto al sistema local
hash	Se imprime en pantalla el símbolo "#" por cada buffer transferido
lcd	Cambiamos el directorio del sistema local
macdef	Define una macro
mdelete	Borramos varios archivos
mdir/mls	Lista el contenido de varios directorios remotos
mget	Recibe varios archivos
mkdir	Crea un directorio en la máquina remota
mode	Configura el modo de transferencia
modetime	Modo de reloj
mput	Envía varios archivos del directorio local al remoto
newer	Recibe el archivo remoto si es más nuevo que el de la máquina local
nlist	Lista el contenido de varios directorios remotos
ntrans	Configura tabla de traducción para mapeo de nombres de archivos
o/open	Abre una conexión remota desde la shell de FTP
prompt	Fuerza la ejecución de múltiples comandos
proxy	Conexión alternativa
put	Enviar un archivo al sistema remoto
pwd	Muestra en pantalla el directorio de trabajo en la máquina remota
quit	Finaliza sesión de ftp y sale
recv	Recibe archivo desde máquina remota
rstatus	Muestra el estado de la máquina remota
rename	Renombra el nombre de un archivo
reset	Limpia las respuestas de los comandos encolados
rmdir	Borra un directorio de la máquina remota
send	Envía un archivo al servidor remoto

site	Envía un comando específico a la máquina remota
size	Muestra el tamaño de un archivo
status	Muestra el estado local
system	Muestra el tipo del sistema remoto
tenex	Transferencia de archivos de tipo tenex
trace	Activa o desactiva las trazas de transferencia de paquetes
type	Configura el tipo de archivo a transferir
user	Sirve para autentificarnos de nuevo en el servidor remoto
umask	Configura el sistema de permisos en el lado remoto

Ejemplos de uso de los comandos FTP

➤ Nos situamos en el directorio local */root/scripts*:

ftp> lcd scripts
Local directory now /root/scripts
ftp>

➤ Miramos el contenido del directorio remoto:
ftp> ls -la
227 Entering Passive Mode (91,186,20,106,211,213).
150 Opening ASCII mode data connection for file list
drwxr-xr-x   3 smtz   (?)   26 Aug 29 08:01 .
drwxr-xr-x   3 smtz   (?)   26 Aug 29 08:01 ..
drwxr-xr-x 11 smtz   (?)   4096 Sep 1 13:54 misgastos.net
226 Transfer complete.
ftp>

➤ Miramos el contenido del directorio local:

ftp> !ls -l
total 40544

```
-rwxr-xr-x 1 root root      493 abr 19  2008 backup_oracle_total.sh
-rw-r--r-- 1 root root 17725318 sep 27 20:30 backup_total2008-09-27.log
-rw-r--r-- 1 root root  1446620 oct  1 19:30 backup_total2008-10-01.log.gz
-rw-r--r-- 1 root root  1428323 oct  2 17:25 backup_total2008-10-02.log.gz
-rw-r--r-- 1 root root  1428420 oct 12 12:50 backup_total2008-10-12.log.gz
-rw-r--r-- 1 root root 17887201 oct 31 20:19 backup_total2008-10-31.log
-rw-r--r-- 1 root root  1495556 oct 31 18:59 backup_total2008-10-31.log.gz
-rwxr-xr-x 1 root root     1142 sep 27 22:32 backup_total.sh
-rwxr-xr-x 1 root root      517 abr 19  2008 backup_vmware.sh
-rwxr-xr-x 1 root root      195 sep 30 21:29 crea_bridge2.sh
-rwxr-xr-x 1 root root      174 sep 30 21:00 crea_bridge.sh
-rwxr-xr-x 1 root root       47 jul 12 21:58 start_mysql.sh
-rwxr-xr-x 1 root root       20 jun 29 09:01 stop_mysql.sh
ftp>
```

➢ Indicamos que la transferencia de archivos se va realizar en modo binario:

```
ftp> bin
200 Type set to I
ftp>
```

➢ Enviamos el archivo "backup_total.sh":

```
ftp> put backup_total.sh
local: backup_total.sh remote: backup_total.sh
227 Entering Passive Mode (91,186,20,106,171,233).
150 Opening BINARY mode data connection for backup_total.sh
226 Transfer complete.
1142 bytes sent in 0,0181 secs (63,09 Kbytes/sec)
ftp>
```

➢ Comprobamos que ha llegado:

```
ftp> ls -la
227 Entering Passive Mode (91,186,20,106,145,213).
150 Opening ASCII mode data connection for file list
drwxr-xr-x   3 smtz     (?)            48 Nov 25 15:20 .
drwxr-xr-x   3 smtz     (?)            48 Nov 25 15:20 ..
-rw-r--r--   1 smtz     (?)          1142 Nov 25 15:20 backup_total.sh
```

```
drwxr-xr-x  11 smtz     (?)         4096 Sep  1 13:54 misgastos.net
226 Transfer complete.
ftp>
```

- Renombramos el archivo remoto:

  ```
  ftp> rename backup_total.sh remote_backup_total.sh
  350 File or directory exists, ready for destination name.
  250 Rename successful
  ftp>

  ftp> ls -l
  227 Entering Passive Mode (91,186,20,106,170,77).
  150 Opening ASCII mode data connection for file list
  drwxr-xr-x  11 smtz     (?)         4096 Sep  1 13:54 misgastos.net
  -rw-r--r--   1 smtz     (?)         1142 Nov 25 15:20 remote_backup_total.sh
  226 Transfer complete.
  ftp>
  ```

- Descargamos a nuestro sistema el fichero "remote_backup_total.sh":

  ```
  ftp> mget remote_backup*
  mget remote_backup_total.sh? y
  227 Entering Passive Mode (91,186,20,106,224,44).
  150 Opening BINARY mode data connection for remote_backup_total.sh (1142 bytes)
  226 Transfer complete.
  1142 bytes received in 0,0111 secs (103,11 Kbytes/sec)
  ftp>

  ftp> !ls -la rem*
  -rw-r--r-- 1 root root 1142 nov 25 16:23 remote_backup_total.sh
  ftp>
  ```

- Borramos el archivo en el sistema remoto:

  ```
  ftp> delete remote_backup_total.sh
  250 DELE command successful
  ftp>
  ```

```
ftp> ls -l
227 Entering Passive Mode (91,186,20,106,197,143).
150 Opening ASCII mode data connection for file list
drwxr-xr-x  11 smtz     (?)        4096 Sep  1 13:54 misgastos.net
226 Transfer complete.
ftp>
```

➢ Salimos de la sesión FTP:

```
ftp> bye
221 Goodbye.
[root@noname00 ~]#
```

Configuración del servidor FTP

Configuraremos el sistema para que el servicio arranque desde el primer momento en que tenemos disponible el sistema. Para ello editaremos el fichero */etc/inetd.conf*. En algunos sistemas este fichero se puede haber sustituido por *xinetd.conf*.

```
[root@noname00 ~]# cat /etc/inetd.conf |grep ftpd
ftp     stream tcp6 nowait root /usr/lbin/ftpd    ftpd -l –a
```

El comando *inetd -c* (o *xinetd -c*) lee el fichero de configuración *(x)inetd.conf* y aplica los cambios sin tener que rebotar el sistema.

Una vez que tenemos activado el servidor de FTP, hay que configurarlo de acuerdo a nuestras necesidades:

- Archivo */etc/ftpd/ftpaccess*: Contiene multitud de parámetros que definen el funcionamiento del servidor FTP. Configurar grupos, limitar el número de conexiones simultáneas o configurar trazas de transferencias, son sólo algunas de las cosas que se pueden configurar en este fichero. Como siempre, la ayuda que muestra el comando *man* nos será de utilidad.

Ejemplo de configuración:

```
[root@noname00 ~]# cat /etc/ftpd/ftpaccess
# Log de transferencias en /var/adm/syslog/xferlog
log transfers guest inbound,outbound

# Definimos la clase que agrupa usuarios reales y los definidos como
guest. Si no está aquí un usuario no se puede establecer la conexión.

class todos_local real,guest  172.* 130.177.169.* 192.168.2.*

class todos_internet real,guest  213.172.44.100 213.172.44.98
213.172.44.99 62.151.16.230 195.77.57.105 217.126.114.44
194.30.12.44 192.148.167.122 172.23.2.75 82.144.100.54 80.37.182.184

# Los usuarios de tipo guest son los del grupo ftpsgrp
guestgroup ftpsgrp

# Al conectarse al servidor
message /BIENVENIDA login

# Al cambiar de directorio
message .message cwd=*

# Mensaje con los derechos de uso
banner /etc/motd

# Sólo permitimos los uploads en los directorios con yes

upload /ftp/apl1 * no
upload /ftp/apl1 /incoming   yes user1 usergrp 0660 nodirs
upload /ftp/apl1 /incoming/inc1   yes user1 usergrp 0660 nodirs
upload /ftp/sis1 /incoming/inc2   yes user1 usergrp 0660 nodirs

[root@noname00 ~]#
```

- Archivo */etc/ftpd/ftphosts*: Permite o deniega el acceso por FTP a ciertas cuentas de servidores remotos. La sintaxis del fichero es la siguiente:

```
allow/deny usuario addrglob [addrglob...]

allow   ftp      10.0.0.*
deny    ftpuser1 10.*.*.*
allow   root     *
```

- Archivo */etc/ftpd/ftpusers*: Restringe el acceso FTP a los usuarios especificados.

```
[root@noname00 ~]# cat ftpusers
root
bin
daemon
adm
lp
sync
shutdown
halt
mail
news
uucp
nobody
```

Enjaulamiento de usuarios FTP

En un servidor público FTP no nos interesa que cualquier usuario pueda entrar a ver el contenido de otros directorios del sistema. Se trata simplemente de un tema por la propia seguridad de nuestro sistema y de privacidad de todos los usuarios que guardan sus ficheros en nuestro servidor.

Podemos configurar cada cuenta FTP para que quede enjaulado en un subdirectorio de nuestro sistema y no pueda ir salir de allí. Por ejemplo, puede que nos interese que todos los usuarios FTP estén en el directorio /ftp/NombreUsuario y no puedan ir a "/" o a "/documentos", por ejemplo.

Para hacer esto, configuraremos el sistema como sigue:

- Añadimos la opción "-a" en fichero /etc/inetd.conf

    ## activacion ftpacces (-a)
    ftp stream tcp6 nowait root /usr/lbin/ftpd ftpd -l -a

- Creamos el fichero *ftpaccess* con los siguientes permisos y propietarios:

    [noname00] root:/root # ll /etc/ftpd/ftpaccess
    -rw------- **1 bin bin** 557 17 Jun 14:40 /etc/ftpd/ftpaccess

- El usuario FTP enjaulado tiene que pertenecer al grupo definido en guestgroup de /etc/ftpd/ftpaccess

    [noname00] root:/root # cat /etc/ftpd/ftpaccess
    # Log de transferencias
    log transfers guest inbound,outbound

    # Grupos de usuarios de FTP enjaulado
    guestgroup grmigrupo1 grmigrupo2 grmigrup3

Todos los usuarios que pertenezcan los grupos *grmigrupo1, grmigrupo2, grmigrupo3*, se considerarán enjaulados.

En el fichero /etc/passwd, configuraremos el usuario enjaulado tal como:

usuario:*:701:701:Usuario enjaulado
FTP:**/ftp/usuario/./transferencias**/:/bin/sh

Puesto que este usuario no podrá ver directorios del sistema más allá de /ftp/usuario, necesita disponer de algunos ejecutables para realizar las operaciones básicas (cd, ls, rm, mkdir, cut, etc.).

    [noname00] root:/ftp/usuario # ls -la
    total 6
    drwxr-xr-x 12 root   sys   1024 15 Dic 2009 .
    drwxr-xr-x   7 root   root   1024 6 Ago 2012 ..
    drwxr-xr-x   2 root   sys   96 22 Jun 2011 bin

```
drwxr-xr-x   3 root      sys             96 15 Dic  2009 dev
drwxr-xr-x   2 root      sys             96 15 Dic  2009 etc
drwxr-xr-x   5 usuario   grmigrupo1    1024 22 Jun  2011 ficheros
drwxrwxrwx   3 root      sys             96 15 Dic  2009 home
drwxrwxrwx   3 root      sys             96 15 Dic  2009 opt
drwxr-xr-x   2 root      sys             96 15 Dic  2009 sbin
drwxrwxrwx   2 root      sys             96 27 Jun  2011 tmp
drwxrwxrwx   4 root      sys             96 15 Dic  2009 usr
drwxrwxrwx   3 root      sys             96 15 Dic  2009 var
[noname00] root:/ftp/usuario #  cd usr
[noname00] root:/ftp/usuario/usr # ls -la
total 6
drwxrwxrwx   4 root      sys             96 15 Dic  2009 .
drwxr-xr-x  12 root      sys           1024 15 Dic  2009 ..
drwxr-xr-x   2 root      sys           1024 22 Jun  2011 bin
drwxrwxrwx   4 root      sys           1024 15 Dic  2009 lib
```

Como siempre, comentar que esta configuración puede variar en función de la versión de software y sistema operativo utilizados. Lo importante es haber aprendido los conceptos. Esta configuración la probé en un servidor HP-UX 11.31 y HP-UX FTPServer C.2.6.1.4.0.

Conexiones seguras

Los comandos *telnet, rlogin, rsh, rcp* y *ftp*, realizan una conexión en la que los paquetes que circulan por la red no van cifrados. Esto quiere decir que con un programa de captura de paquetes (llamados sniffers) como, por ejemplo, Wireshark, podríamos capturar algunos datos como las cuentas y contraseñas de usuario y, así, comprometer la seguridad de nuestro sistema y de la información que guardamos en él.

Para solucionar este problema, la evolución tecnológica ha creado hardware y software de cifrado.

En cuanto al software, se ha extendido el uso de Secure Shell (SSH) para cifrar los paquetes de información.

Secure Shell (SSH)

Este software permite conectarnos a un sistema remoto mediante una conexión encriptada. El paquete enviado está cifrado por una clave pública y solamente puede ser descifrado mediante la clave privada que reside en el servidor remoto. Este servidor es el encargado de generar la clave pública y la privada y envía la pública al sistema que ha de poder iniciar la conexión. Este tipo de encriptación recibe el nombre de criptografía asimétrica.

Para poder hacer uso de *ssh* debe estar corriendo el demonio *sshd*:

```
[root@noname00 /]# ps -ef |grep ssh |grep -v grep
root      3767    1  0 15:10 ?      00:00:00 /usr/sbin/sshd
usuario1  4118 4103  0 15:13 ?      00:00:00 /usr/bin/ssh-agent /bin/sh -c exec -l /bin/bash -c "gnome-session"
[root@noname00 /]#
```

Creación de las claves pública y privada

Para ello, utilizaremos el comando *ssh-keygen* del siguiente modo:

```
[usuario1@noname00 ~]$ ssh-keygen -t rsa
Generating public/private rsa key pair.
Enter file in which to save the key (/home/usuario1/.ssh/id_rsa):
Created directory '/home/usuario1/.ssh'.
Enter passphrase (empty for no passphrase):
Enter same passphrase again:
Your identification has been saved in /home/usuario1/.ssh/id_rsa.
Your public key has been saved in /home/usuario1/.ssh/id_rsa.pub.
The key fingerprint is:
5e:47:ac:b6:2a:0b:d7:3e:84:47:7a:50:73:d6:81:2b usuario1@noname00
The key's randomart image is:
+--[ RSA 2048]----+
|         o..     |
|        o +..    |
|       . + .o    |
|       . E .o    |
|        =S.+ .   |
|       oo+o o    |
|       ..+o .    |
|       o....     |
|        .oo.     |
+-----------------+
[usuario1@noname00 ~]$
```

Con el parámetro *-t* hemos especificado el algoritmo de encriptación con el que queremos cifrar el tráfico. En este caso se ha elegido *RSA*.

Una vez finalizado el comando anterior, veremos que nos ha creado un directorio nuevo que contiene la clave pública y la clave privada:

```
[usuario1@noname00 .ssh]$ ls -la
total 12
drwx------ 2 usuario1 usuario1   36 nov 25 19:23 .
drwx------ 8 usuario1 usuario1 4096 nov 25 19:23 ..
```

> -rw------- 1 usuario1 usuario1 1679 nov 25 19:23 id_rsa
> -rw-r--r-- 1 usuario1 usuario1 399 nov 25 19:23 id_rsa.pub
> [usuario1@noname00 .ssh]$
> [usuario1@noname00 .ssh]$ cat id_rsa.pub
> ssh-rsa
> AAAAB3NzaC1yc2EAAAABIwAAAQEAx+ShlKiZf/7/b/Zkd098mfWb6KOA
> SPGnJWqhUm+dISIdIy5iJ7qUGEFK/WggJPW00frfnisDv/jT+tcLLiVpKY+kr
> 4pe3zX13CsBlBkiKLfTuhcoEuEu3Jhl9Srgt32XcIUxHgcC2nDdN3JM//b23edn
> WW/0TOA9pnV14LTSQFhK+ojYTXXXCg6tmnXry9WAMjdVm8AYxxXhH
> GeotWkS+U4w8JL07yeBPt+pp9xzyIIdYuJn+sRllnzngcbR6q2siSxGbD9ec0uU
> hsvmMd62xMxV6ylvpVXppQhOYtmoUIXaGb6JgX4kXcZTfPmKzJZWqJkC
> w95J8QYOzzisKdSKRw== usuario1@noname00
> [usuario1@noname00 .ssh]$

Es de vital importancia para el funcionamiento de la conexión que no se modifiquen los permisos del directorio ".ssh" ni de los archivos que contiene.

Estableciendo una relación de confianza mediante claves

El contenido del fichero de la clave pública (id_rsa.pub) lo añadiremos dentro del fichero *authorized_keys* del sistema que quiere establecer una conexión con el nuestro:

> [usuario2@servidor2 .ssh]$ cat authorized_keys
> ssh-rsa
> AAAAB3NzaC1yc2EAAAABIwAAAQEAx+ShlKiZf/7/b/Zkd098mfWb6KOA
> SPGnJWqhUm+dISIdIy5iJ7qUGEFK/WggJPW00frfnisDv/jT+tcLLiVpKY+kr
> 4pe3zX13CsBlBkiKLfTuhcoEuEu3Jhl9Srgt32XcIUxHgcC2nDdN3JM//b23edn
> WW/0TOA9pnV14LTSQFhK+ojYTXXXCg6tmnXry9WAMjdVm8AYxxXhH
> GeotWkS+U4w8JL07yeBPt+pp9xzyIIdYuJn+sRllnzngcbR6q2siSxGbD9ec0uU
> hsvmMd62xMxV6ylvpVXppQhOYtmoUIXaGb6JgX4kXcZTfPmKzJZWqJkC
> w95J8QYOzzisKdSKRw== usuario1@noname00
> [usuario2@servidor2 .ssh]$

El siguiente paso es que nuestro sistema intente establecer una conexión *SSH* con el sistema que podrá conectarse al nuestro, con el fin de guardar información de dicho sistema en el fichero *known_hosts*, finalizando, así, la relación de confianza. La sintaxis del comando es:

```
[usuario1@noname00 .ssh]$ ssh usuario2@servidor2
The authenticity of host 'localhost (192.168.1.15)' can't be established.
RSA key fingerprint is 85:3b:c6:a0:e3:64:47:09:b6:14:86:0d:a0:52:20:d4.
Are you sure you want to continue connecting (yes/no)? yes
Warning: Permanently added 'localhost' (RSA) to the list of known hosts.
root@localhost's password:

[usuario1@noname00 .ssh]$
```

En el punto donde nos pide la contraseña del usuario remoto, ya podemos cancelar el proceso con la combinación de teclas Control-C, pues ya hemos obtenido la información que necesitábamos:

```
[usuario1@noname00 .ssh]$ cat known_hosts
servidor2                                                              ssh-rsa
AAAAB3NzaC1yc2EAAAABIwAAAQEA543MXZ0YESUtWrAvRn4cRDOk
aN+VQceh7ycr7XMazjRpv+yFjrC83V1Q7Wq19fBj1aumlCecuy7ZdYg2mbm
qMASdNWyS+eNYzeNdW/TEZuzxBcZfeEefXUfO3FJIHZcDHxwzJwpQpDp
rdeHS9lgn2uEDjXGQWh2tE2QvQ0Gaa94loYJStGj0dvA3gWTIBqF3jqvLq9g/
285gK1ZZK91bfQQjSG2wANgJEnn/MEYl4dWB/zZxC5goHAs4tRFdscYlM
K23ZZobE0jgXzzhHkk8lYeFguKuqqVfj1c71IiREnppLCYQ4fcuAcZNZnWDp
p45zwcbzYvLRgcEttoXlZfJWw==
[usuario1@noname00 .ssh]$
```

A partir de este momento, el usuario *usuario2* del servidor *servidor2* podrá conectarse, por *SSH*, a la cuenta *usuario1* de nuestro sistema sin que se solicite su contraseña. Por supuesto, el tráfico entre ambos servidores estará encriptado.

Estableciendo una relación de confianza basada en la relación host-usuario

En el fichero *$HOME/.shosts* indicaremos los servidores y usuarios remotos que se pueden conectar a nuestra cuenta:

```
[usuario1@noname00 ~]$ cat .shosts
# Hostname        Remote user
servidor2         usuario2
```

[usuario1@noname00 ~]$

Para permitir este tipo de autentificación, en el fichero */etc/opt/ssh/ssh_config* añadiremos las directivas:

    HostbasedAuthentication yes
    EnableSSHKeysign=yes

y en */etc/opt/ssh/sshd_config* estas otras:

    HostbasedAuthentication yes
    IgnoreRhosts no

Copiar un fichero local a un servidor remoto

Con el paquete de software de *SSH* viene otra utilidad llamada *scp* que sirve para copiar ficheros y directorios en un servidor remoto a través de una conexión encriptada. El comando se utiliza de la siguiente manera:

    Al copiar ficheros: scp -p fichero usuario@servidor_remoto:PATH
    Al copiar directorios: scp -pr fichero usuario@servidor_remoto:PATH

```
[usuario1@noname00 ~]$ scp -p vgdisplay.txt servidor2:$PWD
vgdisplay.txt                                        100%   16KB
16.4KB/s   00:00
[usuario1@noname00 ~]$
```

Exportar una variable de entorno remotamente

El modo de uso de *SSH* es el siguiente:

    ssh Host_remoto -n "export VARIABLE=VALOR;
    Comando_a_ejecutar_en_remoto"

Ejemplo:

> ssh noname00 –n "export PATH=$PATH:/usr/contrib/bin; mi_script.sh"

Redirección de puertos locales

Este tipo de redirección se utiliza para tener acceso a servicios remotos en el servidor local. El uso de SSH es el siguiente:

> ssh [-L port:host:hostport] hostname | user@hostname

port: Es el puerto local que queremos utilizar para acceder al servicio.
host: Maquina que ofrece el servicio.
hostport: Puerto donde el servidor *host* ofrece el servicio.
hostname: Sistema remoto al que nos conectamos.

Ejemplo:

> [usuario1@noname00 ~]$ ssh -L 6464:proxy.dominio.com:8080 \
>   usuario1@servidor.dominio.com
> [usuario1@noname00 ~]$

En nuestro servidor local (noname00) estamos utilizando, a través del puerto local 6464, el proxy que está corriendo en el servidor remoto *proxy.dominio.com* por el puerto 8080. Por lo tanto, si configuramos el proxy en nuestro navegador como localhost:6464, estaremos accediendo en realidad al servicio proxy.dominio.com:8080.

Redirección de puertos remotos

Es la redirección inversa explicada en el apartado anterior. Se utiliza para hacer accesible, remotamente, un puerto local. La sintaxis de SSH es la siguiente:

> ssh [-R port:host:hostport] hostname | user@hostname

port: Es el puerto remoto donde se ofrecerá el servicio.
host: Sistema donde se ofrece el servicio.
hostport: Puerto en que *host* ofrece el servicio.
hostname: Sistema remoto al que nos conectamos.

Ejemplo:

ssh -fN -R 8000:localhost:8001 usuario1@servidor.dominio.com

El servicio que se está utilizando en el puerto 8000 de la maquina local, estará disponible en el puerto 8001 del sistema remoto.

Secure FTP (SFTP)

Este protocolo es similar a FTP, sólo que la transferencia de archivos se realiza mediante una conexión cifrada.

Ejemplo de uso:

[usuario1@noname00 ~]$ sftp usuario1@servidor.dominio.es
sftp> get fichero

Una vez que hemos entrado en la shell de SFTP, podemos ejecutar la instrucción *help* para ver los diferentes comandos que podemos utilizar:

sftp> help
Available commands:

cd path	Change remote directory to 'path'
lcd path	Change local directory to 'path'
chgrp grp path	Change group of file 'path' to 'grp'
chmod mode path	Change permissions of file 'path' to 'mode'

chown own path	Change owner of file 'path' to 'own'
df [path]	Display statistics for current directory or filesystem containing 'path'
help	Display this help text
get remote-path [local-path]	Download file
lls [ls-options [path]]	Display local directory listing
ln oldpath newpath	Symlink remote file
lmkdir path	Create local directory
lpwd	Print local working directory
ls [path]	Display remote directory listing
lumask umask	Set local umask to 'umask'
mkdir path	Create remote directory
progress	Toggle display of progress meter
put local-path [remote-path]	Upload file
pwd	Display remote working directory
exit	Quit sftp
quit	Quit sftp
rename oldpath newpath	Rename remote file
rmdir path	Remove remote directory
rm path	Delete remote file
symlink oldpath newpath	Symlink remote file
version	Show SFTP version
!command	Execute 'command' in local shell
!	Escape to local shell
?	Synonym for help
sftp>	

Como vemos, hay muchos comandos que coinciden con los de FTP, pero SFTP es un protocolo totalmente nuevo e independiente de FTP.

Automatizar una conexión SFTP

Cuando ejecutamos una misma tarea muchas veces, puede que nos interese automatizarla. Con SFTP podemos guardar en un fichero los comandos que siempre tecleamos manualmente y pasar el nombre del fichero como un parámetro. Con un ejemplo se verá más claro:

- Creamos un fichero con el siguiente contenido:

    [usuario1@noname00 ~]$ cat sftp.batch
    cd /
    ls
    quit
    [usuario1@noname00 ~]$

- Ejecutamos el comando SFTP con las instrucciones incluidas en el fichero:

    [usuario1@noname00 ~]$ sftp -b sftp.batch usuario2@servidor2
    Connecting to servidor2...
    sftp> cd /
    sftp> ls
    .
    ..
    .sh_history
    .ssh
    bin
    dev
    etc
    home
    opt
    sbin
    tmp
    usr
    var
    sftp> quit
    [usuario1@noname00 ~]$

Directorios CHROOT

Un directorio *CHROOT* es aquel que es considerado como raíz para un usuario que se conecta a una cuenta *SFTP*, es decir, podemos configurar una cuenta para que el usuario que se conecte no pueda descender de un directorio concreto, por ejemplo,

/sftp/usuario1. Este usuario, al teclear el comando *cd /*, irá directo a la ruta */sftp/usuario1*, en vez de al directorio raíz real del sistema (/). Esta funcionalidad se utiliza como un sistema de protección, ya que el usuario no podrá descargarse o subir ficheros en directorios que no deseemos. Únicamente podrá operar por debajo de */sftp/usuario1*.

A continuación, explicamos el procedimiento para configurar un directorio *CHROOT*, bajo un sistema HP-UX, si bien, este procedimiento puede variar en función de las diferentes versiones de SSH (esto es sólo un ejemplo para entender el concepto):

- Creamos una cuenta nueva de sistema.
- Ejecutamos el script /opt/ssh/utils/ssh_chroot_setup.sh
- Editamos el fichero /opt/ssh/etc/sshd_config añadiendo las siguientes líneas al final del fichero:

    Match User sftpusr
    ChrootDirectory /sftp/sftpusr1

- El directorio chroot ha de pertenecer íntegramente al usuario root y con permisos 755, excepto el home del usurio chroot configurado:

```
[root@noname00 ~]# cd /sftp
[root@noname00 ~]# ll
total 2
drwxr-xr-x  10 root     sys         1024  9 Sep 16:35 sftpusr1
[root@noname00 ~]# cd sftpusr1/
[root@noname00 ~]# ls -la
total 2
drwxr-xr-x  10 root     sys         1024  9 Sep 16:35 .
drwxr-xr-x   3 root     sys           96  9 Sep 15:21 ..
drwxr-xr-x   2 root     sys           96  9 Sep 15:24 bin
drwxr-xr-x   2 root     sys           96  9 Sep 16:35 dev
drwxr-xr-x   2 root     sys           96  9 Sep 15:23 etc
drwxrwxrwx   3 root     sys           96  9 Sep 16:35 home
drwxrwxrwx   3 root     sys           96  9 Sep 15:23 opt
drwxr-xr-x   2 root     sys           96  9 Sep 15:23 sbin
drwxrwxrwx   4 root     sys           96  9 Sep 15:23 usr
drwxrwxrwx   3 root     sys           96  9 Sep 15:23 var
```

[root@noname00 ~]#

- Configuramos el fichero /etc/passwd:

[root@noname00 ~]# grep sftpusr1 /etc/passwd
sftpusr1:*:110:20:chrooted user:/sftp/sftpusr1:/bin/sh
[root@noname00 ~]#

Secure Sockets Layer (SSL)

Conceptos

Es un protocolo de encriptación de conexiones muy utilizado en entornos WEB. Normalmente es el propio servidor quien se ha de autentificar en vez del cliente. Esto sirve para que el usuario tenga la garantía de que está utilizando el servicio deseado y no una falsificación. A la falsificación de una página WEB se la denomina *pishing* y se han dado casos en que se ha utilizado este método de robo de información, simulando la WEB de un banco que solicita datos personales de nuestra cuenta bancaria, como el número secreto.

Cuando nos conectamos a una página WEB mediante una conexión segura, estamos utilizando el protocolo HTTPS, tal y como podemos observar en la siguiente imagen.

Este protocolo utiliza un sistema de cifrado basado en SSL, el cuál, previene la captura de paquetes de información mediante *sniffers* y proporciona un grado de seguridad a los datos que circulan por la red.

Una vez establecida la conexión cifrada, desde nuestro navegador podemos ver la información del certificado digital que está instalado en el servidor WEB. Lo haremos haciendo doble click encima del candado, una vez se ha cargado la página.

También lo podremos hacer desde el menú de nuestro navegador. Por ejemplo, en Firefox iremos a Editar → Preferencias → Ver certificados.

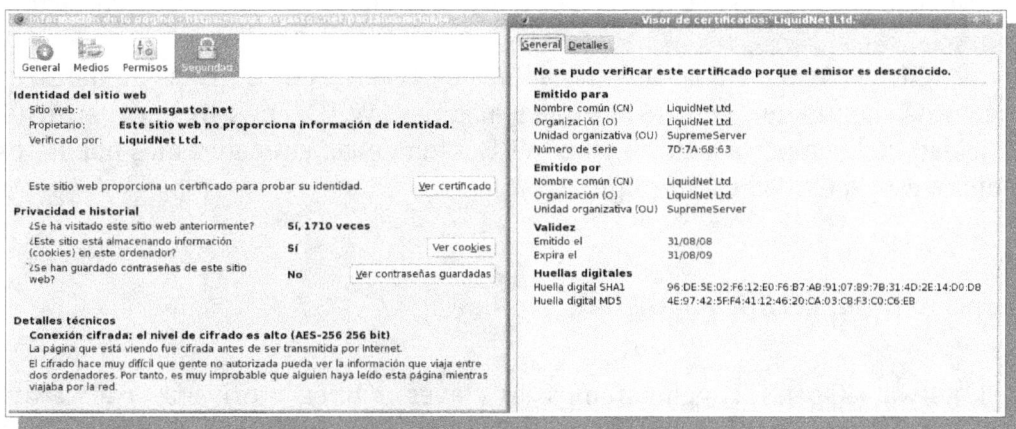

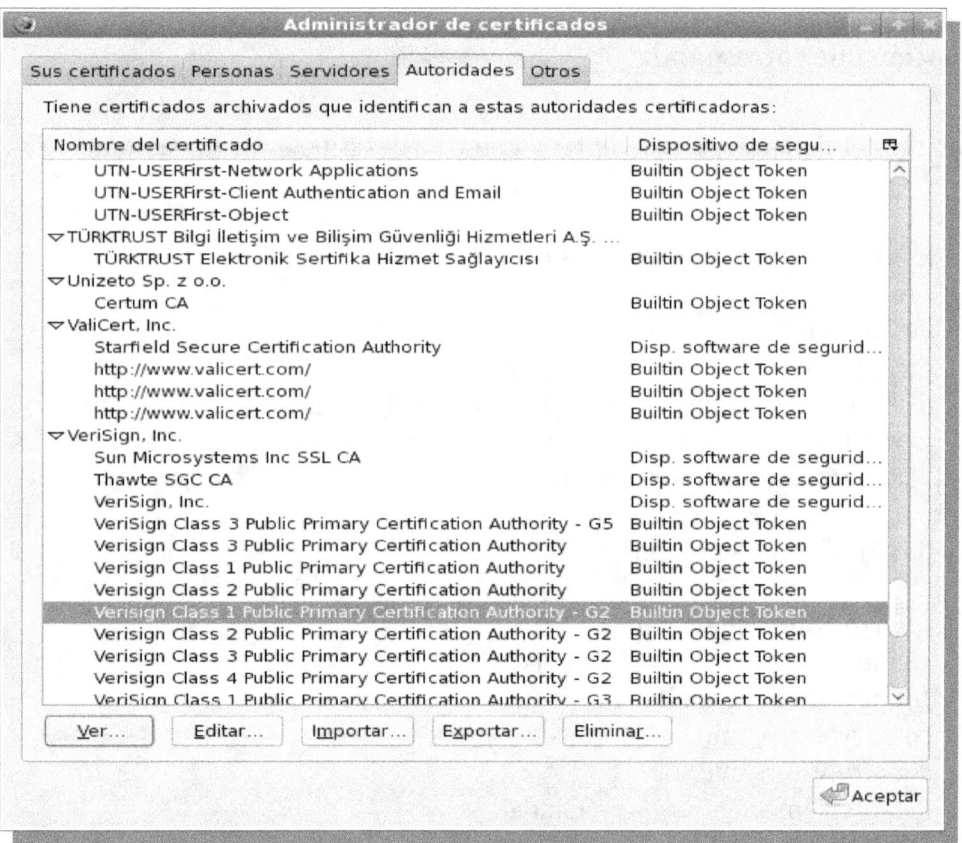

Esto sirve para asegurarnos de que nos estamos conectando al sitio WEB correcto.

Existen entidades reconocidas autentificadoras de certificados o firmas digitales, que se encargan de emitir un certificado para páginas WEB, tras haber verificado la autenticidad de la empresa y de su sitio WEB. Una de las entidades más populares que se dedica a esta actividad es VeriSign.

Generación de un certificado digital

Con el software OpenSSL generaremos las claves pública y privada, y el certificado "local" que enviaremos a la entidad autentificadora para que nos lo devuelva firmado y lo podamos instalar en el servidor WEB.

Creación del fichero que utilizará openssl para generar el certificado con la información que corresponda

Utilizaremos el fichero *openssl.cnf* tal y como se describe a continuación:

```
[noname00] root:/root/scripts/certificados#cat openssl.cnf
[ req ]
default_bits            = 1024
default_keyfile         = privkey.pem
distinguished_name      = req_distinguished_name
attributes              = req_attributes
x509_extensions         = v3_ca

dirstring_type = nobmp

[ req_distinguished_name ]
countryName                 = Pais
countryName_default         = ES
countryName_min             = 2
countryName_max             = 2
localityName                = Ciudad
localityName_default        = Barcelona
stateOrProvinceName         = Provincia
```

```
stateOrProvinceName_default    = Barcelona


organizationName              = Organization Name (Empresa)
organizationName_default      = Mi_empresa
organizationalUnitName        = Organizational Unit Name (Departamento)
organizationalUnitName_default = Mi_empresa
commonName                    = Common Name (URL)
commonName_default            = www.miempresa.es
commonName_max                = 64

emailAddress                  = usuario@mail.com
emailAddress_default          = usuario@miempresa.es
emailAddress_max              = 40


[ req_attributes ]
;challengePassword            = A challenge password
;challengePassword_min        = 4
;challengePassword_max        = 20

[ v3_ca ]

subjectKeyIdentifier=hash
authorityKeyIdentifier=keyid:always,issuer:always
basicConstraints = CA:true

[noname00] root:/root/scripts/certificados#
```

Creación del fichero con la clave pública

El script *genera_key.sh* se encargará de crear el fichero que contiene la clave pública:

```
[noname00] root:/root/scripts/certificados# cat genera_key.sh

OPENSSL_PATH=/opt/hpws/apache/bin
export PATH=$OPENSSL_PATH:$PATH
```

```
# Creamos este fichero con un contenido aleatorio
export RANDFILE=random.txt

KEY_FILE=mi_clave.key

# Creación de la clave
openssl genrsa -des3 -out $KEY_FILE 1024

# Clave sin encriptacion
openssl rsa -in $KEY_FILE -out ${KEY_FILE}.unsecure

[noname00] root:/root/scripts/certificados#
```

El fichero *random.txt* contiene caracteres aleatorios.
Ejecución del script:

```
[noname00] root:/root/scripts/certificados# sh genera_key.sh
Generating RSA private key, 1024 bit long modulus
.....++++++
........................++++++
e is 65537 (0x10001)
Enter pass phrase for mi_clave.key:
Verifying - Enter pass phrase for mi_clave.key:
Enter pass phrase for mi_clave.key:
writing RSA key
[usuario1@noname00 certificados]$

[noname00] root:/root/scripts/certificados# ls -la *.key
-rw-rw-r-- 1 root root 963 nov 26 20:55 mi_clave.key
[noname00] root:/root/scripts/certificados#
```

Creación del certificado "local"

genera_csr.sh generará el fichero con la clave privada:

```
[noname00] root:/root/scripts/certificados# cat genera_csr.sh
```

```
OPENSSL_PATH=/opt/hpws/apache/bin
export PATH=$OPENSSL_PATH:$PATH


export OPENSSL_CONF=openssl.cnf

KEY_FILE=mi_clave.key.unsecure
CSR_FILE=mi_certificado.csr

# Generamos el fichero CSR (Certificate Signing Request)
openssl req -new -key $KEY_FILE -out $CSR_FILE
# Vemos los detalles del CSR
openssl req -noout -text -in  $CSR_FILE
[noname00] root:/root/scripts/certificados#
```

Ejecución del script:

```
[noname00] root:/root/scripts/certificados# sh genera_csr.sh
You are about to be asked to enter information that will be incorporated
into your certificate request.
What you are about to enter is what is called a Distinguished Name or a DN.
There are quite a few fields but you can leave some blank
For some fields there will be a default value,
If you enter '.', the field will be left blank.
-----
Pais [ES]:
Ciudad [Barcelona]:
Provincia [Barcelona]:
Organization Name (Empresa) [Mi_empresa]:
Organizational Unit Name (Departamento) [Mi_empresa]:
Common Name (URL) [www.miempresa.es]:
direccion@mail.com [contacto@miempresa.es]:

Please enter the following 'extra' attributes
to be sent with your certificate request
Certificate Request:
    Data:
        Version: 0 (0x0)
            Subject:  C=ES,  L=Barcelona,  ST=Barcelona,  O=Mi_empresa,
```

           OU=Mi_empresa,
           CN=www.miempresa.es/emailAddress=contacto@miempresa.es
               Subject Public Key Info:
                   Public Key Algorithm: rsaEncryption
                   RSA Public Key: (1024 bit)
                       Modulus (1024 bit):
                           00:b1:a0:18:d8:87:49:4c:a9:28:77:b1:b3:86:76:
                           f0:b3:dc:68:94:9c:05:24:93:8e:ba:f5:12:bb:f5:
                           1f:4f:be:86:ed:bf:c4:c6:87:f9:f4:e8:88:65:16:
                           24:75:5f:5a:b0:73:e5:c8:dc:56:7f:70:65:1d:e4:
                           1f:f1:24:d7:d6:c1:f9:cb:cf:82:98:3a:10:be:a1:
                           9f:ba:22:d4:bd:c9:15:b8:48:17:59:1f:93:31:ec:
                           9c:19:34:df:e1:9f:c2:9d:08:e4:13:9c:57:64:6a:
                           c7:49:76:84:1d:a3:8c:5d:16:d2:4a:b1:72:69:e9:
                           8a:3c:be:10:aa:d3:c5:d7:7b
                       Exponent: 65537 (0x10001)
               Attributes:
                   a0:00
           Signature Algorithm: sha1WithRSAEncryption
               4c:bc:0b:ae:da:23:31:1b:19:42:06:15:ef:bb:6b:29:cf:ca:
               24:4b:c0:f6:b2:83:91:11:2f:fa:73:ea:31:e4:04:1b:f6:e7:
               80:10:74:9f:1b:64:e2:72:86:17:64:ba:53:80:7b:b8:53:c3:
               1d:a3:4d:54:5e:3c:13:08:ba:80:56:19:2a:3d:24:3e:8c:e3:
               17:de:41:c3:25:7a:27:c5:6d:ff:d1:df:e9:9a:63:d4:47:0e:
               51:6b:9b:ef:48:cf:b0:8c:fb:73:22:5e:95:fb:51:25:af:43:
               7c:8e:a8:de:1b:39:2b:9d:31:b5:d9:89:07:e4:66:da:d6:c1:
               19:94
[usuario1@noname00 certificados]$

[noname00] root:/root/scripts/certificados# ls -la *.csr
-rw-rw-r-- 1 root root 729 nov 26 20:57 mi_certificado.csr
[noname00] root:/root/scripts/certificados#

El fichero CSR lo enviaremos a la entidad autentificadora y nos devolverá otro fichero con extensión *crt* (mi_certificado.crt). Este es el fichero sellado por dicha entidad y es el que será publicado en el Webserver de Internet.

Autofirmar del certificado

Si no queremos que el certificado esté verificado por una entidad oficial, lo podremos firmar nosotros mismos pero no será un certificado confiable en Internet. Sin embargo, el usuario puede aceptar su uso. Estos certificados se utilizan, generalmente, para los servicios ubicados en la Intranet (privados en nuestra red local).

El script que utilizamos es el siguiente:

```
[noname00] root:/root/scripts/certificados#cat genera_crt.sh

OPENSSL_PATH=/opt/hpws/apache/bin
export PATH=$OPENSSL_PATH:$PATH


export OPENSSL_CONF=openssl.cnf

CERT_FILE=mi_certificado.crt
KEY_FILE=mi_clave.key.unsecure

openssl req -new -x509 -days 3650 -key $KEY_FILE -out $CERT_FILE

[noname00] root:/root/scripts/certificados#
```

Ejecución del script:

```
[noname00] root:/root/scripts/certificados# sh genera_crt.sh
You are about to be asked to enter information that will be incorporated
into your certificate request.
What you are about to enter is what is called a Distinguished Name or a DN.
There are quite a few fields but you can leave some blank
For some fields there will be a default value,
If you enter '.', the field will be left blank.
-----
Pais [ES]:
Ciudad [Barcelona]:
Provincia [Barcelona]:
```

```
Organization Name (Empresa) [Mi_empresa]:
Organizational Unit Name (Departamento) [Mi_empresa]:
Common Name (URL) [www.miempresa.es]:
direccion@mail.com [contacto@miempresa.es]:
[noname00] root:/root/scripts/certificados#

[noname00] root:/root/scripts/certificados# ls -la *.crt
-rw-rw-r-- 1 usuario1 usuario1 1375 nov 26 20:59 mi_certificado.crt
[noname00] root:/root/scripts/certificados#
```

Comprobar el certificado

Una vez obtenido el fichero CRT, podremos comprobar que la información que contiene es la correcta:

```
[noname00] root:/root/scripts/certificados# cat comprobacion.sh

OPENSSL_PATH=/opt/hpws/apache/bin
export PATH=$OPENSSL_PATH:$PATH

CERT_FILE=mi_certificado.crt
KEY_FILE=mi_clave.key.unsecure

# Datos del certificado
openssl x509 -text -in $CERT_FILE

# Comprobación de que el certificado y la clave hacen pareja
openssl x509 -noout -modulus -in $CERT_FILE | openssl md5
openssl rsa -noout -modulus -in $KEY_FILE |openssl md5
[noname00] root:/root/scripts/certificados#
```

Ejecución del script:

```
[noname00] root:/root/scripts/certificados# sh comprobacion.sh
Certificate:
  Data:
    Version: 3 (0x2)
```

```
        Serial Number:
            dd:7e:bf:fb:80:cd:11:f2
        Signature Algorithm: sha1WithRSAEncryption
                Issuer: C=ES, L=Barcelona, ST=Barcelona, O=Mi_empresa,
OU=Mi_empresa,
CN=www.miempresa.es/emailAddress=contacto@miempresa.es
        Validity
            Not Before: Nov 26 19:59:10 2008 GMT
            Not After : Nov 24 19:59:10 2018 GMT
                Subject: C=ES, L=Barcelona, ST=Barcelona, O=Mi_empresa,
OU=Mi_empresa,
CN=www.miempresa.es/emailAddress=contacto@miempresa.es
        Subject Public Key Info:
            Public Key Algorithm: rsaEncryption
            RSA Public Key: (1024 bit)
                Modulus (1024 bit):
                    00:b1:a0:18:d8:87:49:4c:a9:28:77:b1:b3:86:76:
                    f0:b3:dc:68:94:9c:05:24:93:8e:ba:f5:12:bb:f5:
                    1f:4f:be:86:ed:bf:c4:c6:87:f9:f4:e8:88:65:16:
                    24:75:5f:5a:b0:73:e5:c8:dc:56:7f:70:65:1d:e4:
                    1f:f1:24:d7:d6:c1:f9:cb:cf:82:98:3a:10:be:a1:
                    9f:ba:22:d4:bd:c9:15:b8:48:17:59:1f:93:31:ec:
                    9c:19:34:df:e1:9f:c2:9d:08:e4:13:9c:57:64:6a:
                    c7:49:76:84:1d:a3:8c:5d:16:d2:4a:b1:72:69:e9:
                    8a:3c:be:10:aa:d3:c5:d7:7b
                Exponent: 65537 (0x10001)
        X509v3 extensions:
            X509v3 Subject Key Identifier:
                E0:57:37:77:9E:AA:04:A7:FA:07:5D:FC:82:69:7D:87:29:24:3C:CD
            X509v3 Authority Key Identifier:
                keyid:E0:57:37:77:9E:AA:04:A7:FA:07:5D:FC:82:69:7D:87:29:24:3
C:CD
                DirName:/C=ES/L=Barcelona/ST=Barcelona/O=Mi_empresa/OU=Mi
_empresa/CN=www.miempresa.es/emailAddress=contacto@miempresa.es
                serial:DD:7E:BF:FB:80:CD:11:F2

            X509v3 Basic Constraints:
                CA:TRUE
        Signature Algorithm: sha1WithRSAEncryption
            07:6c:b8:2e:88:70:d3:1c:91:ad:1d:3c:7a:b6:2d:11:61:cf:
```

fc:8a:14:6b:f0:2b:0c:f9:5f:da:fd:2d:86:70:6d:3e:c6:d4:
17:02:13:be:ee:c9:a2:f1:c8:a6:de:df:07:99:84:4c:87:d8:
dd:e5:6c:88:76:36:a7:e1:7e:f8:e9:aa:21:60:9e:8c:e0:d9:
7c:97:b5:cb:c1:b4:29:49:51:0b:ec:bf:d4:8e:32:76:18:45:
bb:6a:c7:2e:33:bc:85:08:94:31:2a:ba:e1:bd:95:a0:81:97:
40:4b:37:b4:1e:32:f4:3f:ce:d7:98:a4:20:a8:74:7b:f5:f3:
b7:df

-----BEGIN CERTIFICATE-----
MIIDyzCCAzSgAwIBAgIJAN1+v/uAzRHyMA0GCSqGSIb3DQEBBQUAMI
GgMQswCQYD
VQQGEwJFUzESMBAGA1UEBxMJQmFyY2Vsb25hMRIwEAYDVQQIEwl
CYXJjZWxvbmEx
EzARBgNVBAoUCk1pX2VtcHJlc2ExEzARBgNVBAsUCk1pX2VtcHJlc2Ex
GTAXBgNV
BAMTEHd3dy5taWVtcHJlc2EuZXMxJDAiBgkqhkiG9w0BCQEWFWNvbnR
hY3RvQG1p
ZW1wcmVzYS5lczAeFw0wODExMjYxOTU5MTBaFw0xODExMjQxOTU5
MTBaMIGgMQsw
CQYDVQQGEwJFUzESMBAGA1UEBxMJQmFyY2Vsb25hMRIwEAYDVQ
QIEwlCYXJjZWxvxv
bmExEzARBgNVBAoUCk1pX2VtcHJlc2ExEzARBgNVBAsUCk1pX2VtcHJl
c2ExGTAX
BgNVBAMTEHd3dy5taWVtcHJlc2EuZXMxJDAiBgkqhkiG9w0BCQEWFW
NvbnRhY3Rv
QG1pZW1wcmVzYS5lczCBnzANBgkqhkiG9w0BAQEFAAOBjQAwgYkCgY
EAsaAY2IdJ
TKkod7Gzhnbws9xolJwFJJOOuvUSu/UfT76G7b/Exof59OiIZRYkdV9asHPly
NxW
f3BlHeQf8STX1sH5y8+CmDoQvqGfuiLUvckVuEgXWR+TMeycGTTf4Z/Cn
QjkE5xX
ZGrHSXaEHaOMXRbSSrFyaemKPL4QqtPF13sCAwEAAaOCAQkwggEFMB
0GA1UdDgQW
BBTgVzd3nqoEp/oHXfyCaX2HKSQ8zTCB1QYDVR0jBIHNMIHKgBTgVzd
3nqoEp/oH
XfyCaX2HKSQ8zaGBpqSBozCBoDELMAkGA1UEBhMCRVMxEjAQBgNV
BAcTCUJhcmNl
bG9uYTESMBAGA1UECBMJQmFyY2Vsb25hMRMwEQYDVQQKFApNaV
9lbXByZXNhMRMw
EQYDVQQLFApNaV9lbXByZXNhMRkwFwYDVQQDExB3d3cubWllbXBy
ZXNhLmVzMSQw

IgYJKoZIhvcNAQkBFhVjb250YWN0b0BtaWVtcHJlc2EuZXOCCQDdfr/7gM0R8jAM
BgNVHRMEBTADAQH/MA0GCSqGSIb3DQEBBQUAA4GBAAdsuC6IcNMcka0dPHq2LRFh
z/yKFGvwKwz5X9r9LYZwbT7G1BcCE77uyaLxyKbe3weZhEyH2N3lbIh2Nq fhfvjp
qiFgnozg2XyXtcvBtClJUQvsv9SOMnYYRbtqxy4zvIUIlDEquuG9laCBl0BLN7Qe
MvQ/zteYpCCodHv187ff
-----END CERTIFICATE-----
76bb7dfc4a0d281beb6914024eed83d9
76bb7dfc4a0d281beb6914024eed83d9
[noname00] root:/root/scripts/certificados#

Configuración del Webserver para que use el certificado generado

Tras finalizar todos los pasos anteriores, se ha de configurar el Webserver para que utilice el certificado digital. Cada Webmaster sabrá cómo hacerlo según el servidor WEB que esté utilizando. Por ejemplo, en el Webserver Apache, y sin querer profundizar en como se ha de configurar un servidor WEB, editaremos el fichero *ssl.conf* añadiendo las siguientes líneas en la sección *VirtualHost* que necesite:

SSLCertificateFile /root/scripts/certificados/mi_certificado.crt
SSLCertificateKeyFile /root/scripts/certificados/mi_clave.key.unsecure

El servidor de correo *sendmail*

Conceptos

El correo electrónico fue inventado por Ray Tomlinson en 1971. Actualmente, *Sendmail* es el servidor de correo utilizado por excelencia en los sistemas UNIX. Su configuración puede ser costosa incluso para un administrador de sistemas experimentado, debido a la alta flexibilidad que ofrece este producto. La mejor manera de conocer todos los rincones de configuración es visitar la página WEB del proveedor oficial: http://www.sendmail.org, sin embargo, en este capítulo vamos a tratar de crear un servidor de correo sencillo.

El fichero de configuración suele estar en */etc/mail/sendmail.cf*. Podemos utilizar un programa procesador de macros *M4* que ejecuta las funciones definidas en el archivo *sendmail.mc* para, así, crear el fichero *sendmail.cf* definitivo.

A parte de los dos ficheros comentados anteriormente, *sendmail* también puede utilizar los siguientes:

- **local-host-names:** Se indica a qué dominios pertenece el servidor de correo.
- **access:** Contiene las IPs que pueden utilizar el servidor de correo.
- **mailertable:** Enrutamientos para dominios, es decir, un correo dirigido a *miempresa.com* se puede redirigir a *smtp.miempresa.com*.

- **alias:** Sirve para redirigir los correos a una lista de destinatarios o añadir un alias a un usuario. Ejemplo:

  \# programadores del proyecto
  proyecto:
  diego@miempresa.com,silvia@miempresa.com,david@miempresa.com

  Una vez configurado este fichero, se ha de regenerar la base de datos interna de sendmail mediante el comando */usr/bin/newaliases*.

Configuración de un servidor de correo

- En el fichero *local-hosts-names* indicamos que nuestro servidor va a pertenecer al dominio *miempresa.com*.

  [root@noname00 mail]# cat local-host-names
  # local-host-names - include all aliases for your machine here.
  localhost
  miempresa.com
  [root@noname00 mail]#

- En el fichero *access*, habilitamos las redes o IPs de confianza que han de poder utilizar el servidor de correo:

  [root@noname00 mail]# cat access
  # Check the /usr/share/doc/sendmail/README.cf file for a description
  # of the format of this file. (search for access_db in that file)
  # The /usr/share/doc/sendmail/README.cf is part of the sendmail-doc
  # package.
  #
  # If you want to use AuthInfo with "M:PLAIN LOGIN", make sure to have the
  # cyrus-sasl-plain package installed.
  #
  # By default we allow relaying from localhost...
  Connect:localhost   RELAY
  Connect:192.168.1   RELAY
  [root@noname00 mail]#

- Configuramos el fichero de macros *sendmail.mc:*

  Las líneas que se han modificado respecto al fichero original son las siguientes:

  [root@noname00 mail]# cat sendmail.mc
  divert(-1)dnl
  dnl #
  dnl # This is the sendmail macro config file for m4. If you make changes to
  dnl # /etc/mail/sendmail.mc, you will need to regenerate the
  dnl # /etc/mail/sendmail.cf file by confirming that the sendmail-cf package is

```
dnl # installed and then performing a
dnl #
dnl #    make -C /etc/mail
dnl #
VERSIONID(`setup for linux')dnl
OSTYPE(`linux')dnl

dnl
# noname00 es nuestro anfitrión inteligente (smart anfitrión), usando el transporte "uucp-new".
define(`SMART_ANFITRIÓN', `uucp-new:noname00')
dnl
# Soportar los protocolos de transporte de correo local, smtp y uucp.
MAILER(`local')
MAILER(`smtp')
MAILER(`uucp')
LOCAL_NET_CONFIG
# Esta regla asegura que todo correo local sea entregado usando transporte SMTP, todo lo demás irá por el anfitrión inteligente.
R$* < @ $* .$m. > $*        $#smtp $@ $2.$m. $: $1 < @ $2.$m. > $3
dnl
# fin
[root@noname00 mail]#
```

El fichero completo quedaría de la siguiente manera:

```
[root@noname00 mail]# cat sendmail.mc
divert(-1)dnl
dnl #
dnl # This is the sendmail macro config file for m4. If you make changes to
dnl # /etc/mail/sendmail.mc, you will need to regenerate the
dnl # /etc/mail/sendmail.cf file by confirming that the sendmail-cf package is
dnl # installed and then performing a
dnl #
dnl #    make -C /etc/mail
dnl #
include(`/usr/share/sendmail-cf/m4/cf.m4')dnl
VERSIONID(`setup for linux')dnl
OSTYPE(`linux')dnl
```

dnl #
dnl # Do not advertize sendmail version.
dnl #
dnl define(`confSMTP_LOGIN_MSG', `$j Sendmail; $b')dnl
dnl #
dnl # default logging level is 9, you might want to set it higher to
dnl # debug the configuration
dnl #
dnl define(`confLOG_LEVEL', `9')dnl
dnl #
dnl # Uncomment and edit the following line if your outgoing mail needs to
dnl # be sent out through an external mail server:
dnl #
dnl define(`SMART_HOST', `smtp.your.provider')dnl
dnl #
define(`confDEF_USER_ID', ``8:12'')dnl
dnl define(`confAUTO_REBUILD')dnl
define(`confTO_CONNECT', `1m')dnl
define(`confTRY_NULL_MX_LIST', `True')dnl
define(`confDONT_PROBE_INTERFACES', `True')dnl
define(`PROCMAIL_MAILER_PATH', `/usr/bin/procmail')dnl
define(`ALIAS_FILE', `/etc/aliases')dnl
define(`STATUS_FILE', `/var/log/mail/statistics')dnl
define(`UUCP_MAILER_MAX', `2000000')dnl
define(`confUSERDB_SPEC', `/etc/mail/userdb.db')dnl
define(`confPRIVACY_FLAGS', `authwarnings,novrfy,noexpn,restrictqrun')dnl
define(`confAUTH_OPTIONS', `A')dnl
dnl #
dnl # The following allows relaying if the user authenticates, and disallows
dnl # plaintext authentication (PLAIN/LOGIN) on non-TLS links
dnl #
dnl define(`confAUTH_OPTIONS', `A p')dnl
dnl #
dnl # PLAIN is the preferred plaintext authentication method and used by
dnl # Mozilla Mail and Evolution, though Outlook Express and other MUAs do
dnl # use LOGIN. Other mechanisms should be used if the connection is not
dnl # guaranteed secure.
dnl # Please remember that saslauthd needs to be running for AUTH.
dnl #
dnl   TRUST_AUTH_MECH(`EXTERNAL   DIGEST-MD5   CRAM-MD5

LOGIN PLAIN')dnl
dnl define(`confAUTH_MECHANISMS', `EXTERNAL GSSAPI DIGEST-MD5 CRAM-MD5 LOGIN PLAIN')dnl
dnl #
dnl # Rudimentary information on creating certificates for sendmail TLS:
dnl #   cd /etc/pki/tls/certs; make sendmail.pem
dnl # Complete usage:
dnl #   make -C /etc/pki/tls/certs usage
dnl #
dnl define(`confCACERT_PATH', `/etc/pki/tls/certs')dnl
dnl define(`confCACERT', `/etc/pki/tls/certs/ca-bundle.crt')dnl
dnl define(`confSERVER_CERT', `/etc/pki/tls/certs/sendmail.pem')dnl
dnl define(`confSERVER_KEY', `/etc/pki/tls/certs/sendmail.pem')dnl
dnl #
dnl # This allows sendmail to use a keyfile that is shared with OpenLDAP's
dnl # slapd, which requires the file to be readble by group ldap
dnl #
dnl define(`confDONT_BLAME_SENDMAIL', `groupreadablekeyfile')dnl
dnl #
dnl define(`confTO_QUEUEWARN', `4h')dnl
dnl define(`confTO_QUEUERETURN', `5d')dnl
dnl define(`confQUEUE_LA', `12')dnl
dnl define(`confREFUSE_LA', `18')dnl
define(`confTO_IDENT', `0')dnl
dnl FEATURE(delay_checks)dnl
FEATURE(`no_default_msa', `dnl')dnl
FEATURE(`smrsh', `/usr/sbin/smrsh')dnl
FEATURE(`mailertable', `hash -o /etc/mail/mailertable.db')dnl
FEATURE(`virtusertable', `hash -o /etc/mail/virtusertable.db')dnl
FEATURE(redirect)dnl
FEATURE(always_add_domain)dnl
FEATURE(use_cw_file)dnl
FEATURE(use_ct_file)dnl
dnl #
dnl # The following limits the number of processes sendmail can fork to accept
dnl # incoming messages or process its message queues to 20.) sendmail refuses
dnl # to accept connections once it has reached its quota of child processes.
dnl #
dnl define(`confMAX_DAEMON_CHILDREN', `20')dnl
dnl #

dnl # Limits the number of new connections per second. This caps the overhead
dnl # incurred due to forking new sendmail processes. May be useful against
dnl # DoS attacks or barrages of spam. (As mentioned below, a per-IP address
dnl # limit would be useful but is not available as an option at this writing.)
dnl #
dnl define(`confCONNECTION_RATE_THROTTLE', `3')dnl
dnl #
dnl # The -t option will retry delivery if e.g. the user runs over his quota.
dnl #
FEATURE(local_procmail, `', `procmail -t -Y -a $h -d $u')dnl
FEATURE(`access_db', `hash -T<TMPF> -o /etc/mail/access.db')dnl
FEATURE(`blacklist_recipients')dnl
EXPOSED_USER(`root')dnl
dnl #
dnl # For using Cyrus-IMAPd as POP3/IMAP server through LMTP delivery uncomment
dnl # the following 2 definitions and activate below in the MAILER section the
dnl # cyrusv2 mailer.
dnl #
dnl define(`confLOCAL_MAILER', `cyrusv2')dnl
dnl define(`CYRUSV2_MAILER_ARGS', `FILE /var/lib/imap/socket/lmtp')dnl
dnl #
dnl # The following causes sendmail to only listen on the IPv4 loopback address
dnl # 127.0.0.1 and not on any other network devices. Remove the loopback
dnl # address restriction to accept email from the internet or intranet.
dnl #
dnl # DAEMON_OPTIONS(`Port=smtp,Addr=127.0.0.1, Name=MTA')dnl
dnl #
dnl # The following causes sendmail to additionally listen to port 587 for
dnl # mail from MUAs that authenticate. Roaming users who can't reach their
dnl # preferred sendmail daemon due to port 25 being blocked or redirected find
dnl # this useful.
dnl #
dnl DAEMON_OPTIONS(`Port=submission, Name=MSA, M=Ea')dnl
dnl #
dnl # The following causes sendmail to additionally listen to port 465, but
dnl # starting immediately in TLS mode upon connecting. Port 25 or 587 followed
dnl # by STARTTLS is preferred, but roaming clients using Outlook Express can't

dnl # do STARTTLS on ports other than 25. Mozilla Mail can ONLY use STARTTLS
dnl # and doesn't support the deprecated smtps; Evolution <1.1.1 uses smtps
dnl # when SSL is enabled-- STARTTLS support is available in version 1.1.1.
dnl #
dnl # For this to work your OpenSSL certificates must be configured.
dnl #
dnl DAEMON_OPTIONS(`Port=smtps, Name=TLSMTA, M=s')dnl
dnl #
dnl # The following causes sendmail to additionally listen on the IPv6 loopback
dnl # device. Remove the loopback address restriction listen to the network.
dnl #
dnl DAEMON_OPTIONS(`port=smtp,Addr=::1, Name=MTA-v6, Family=inet6')dnl
dnl #
dnl # enable both ipv6 and ipv4 in sendmail:
dnl #
dnl DAEMON_OPTIONS(`Name=MTA-v4, Family=inet, Name=MTA-v6, Family=inet6')
dnl #
dnl # We strongly recommend not accepting unresolvable domains if you want to
dnl # protect yourself from spam. However, the laptop and users on computers
dnl # that do not have 24x7 DNS do need this.
dnl #
FEATURE(`accept_unresolvable_domains')dnl
dnl #
dnl FEATURE(`relay_based_on_MX')dnl
dnl #
dnl # Also accept email sent to "localhost.localdomain" as local email.
dnl #
LOCAL_DOMAIN(`localhost.localdomain')dnl
dnl #
dnl # The following example makes mail from this host and any additional
dnl # specified domains appear to be sent from mydomain.com
dnl #
MASQUERADE_AS(mialias.es)dnl
dnl #
dnl # masquerade not just the headers, but the envelope as well
dnl #

```
dnl FEATURE(masquerade_envelope)dnl
dnl #
dnl # masquerade not just @mydomainalias.com, but @*.mydomainalias.com as well
dnl #
FEATURE(masquerade_entire_domain)dnl
dnl #
MASQUERADE_DOMAIN(localhost)dnl
MASQUERADE_DOMAIN(localhost.localdomain)dnl
MASQUERADE_DOMAIN(miempresa.com)dnl
MAILER(smtp)dnl
MAILER(procmail)dnl
MAILER(cyrusv2)dnl
MAILER(`local')
MAILER(`uucp')
LOCAL_NET_CONFIG
# Esta regla asegura que todo correo local sea entregado usando transporte smtp, todo lo demás irá por el anfitrión inteligente.
R$* < @ $* .$m. > $*        $#smtp $@ $2.$m. $: $1 < @ $2.$m. > $3
dnl
#
# fin
[root@noname00 mail]#
```

- Generamos el fichero *sendmail.cf* y reiniciamos el servicio:

```
[root@noname00 mail]# m4 /etc/mail/sendmail.mc > /etc/sendmail.cf
[root@noname00 mail]# make -C /etc/mail
make: se ingresa al directorio `/etc/mail'
make: No se hace nada para `all'.
make: se sale del directorio `/etc/mail'
[root@noname00 mail]# /etc/init.d/sendmail stop
Desactivación de sm-client:                [ OK ]
Apagando sendmail:                         [ OK ]
[root@noname00 mail]# /etc/init.d/sendmail start
Iniciando sendmail:                        [ OK ]
Inicio de sm-client:                       [ OK ]
[root@noname00 mail]#
```

Comprobamos que el puerto 25 (SMTP) está en escucha tras el arranque:

```
[root@noname00 mail]# netstat -an |grep LISTEN  |grep 25
tcp    0    0 0.0.0.0:25         0.0.0.0:*           LISTEN
```

El fichero *sendmail.cf* es demasiado largo como para que sea acertado mostrar todo su contenido en este libro.

Enmascaramiento

La línea *MASQUERADE_DOMAIN(miempresa.com)dnl* del fichero *sendmail.mc*, indica que estamos añadiendo un alias llamado *miempresa.com*. Esto significa que nuestros correos también se podrán enviar como *usuario@miempresa.com*.

Cola de mensajes

Un servidor de correo está pensado para que pueda ser utilizado por muchos usuarios. Evidentemente, todos los correos que se envían no pueden hacerlo a la vez y por ese motivo existe en una cola de mensajes que se va procesando de manera ordenada.

Revisaremos los mensajes pendientes de enviar con el siguiente comando:

```
[root@noname00 mail]# sendmail -bp
/var/spool/mqueue is empty
            Total requests: 0
[root@noname00 mail]#
```

y los eliminaremos borrando el contenido del directorio */var/spool/mqueue*.

Relay

Se puede dar el caso en que en nuestra red local, solamente un servidor sea el que tiene configurado *sendmail* para enviar correos al exterior y el resto de sistemas de la red lo tengan configurado para enviar sus mensajes a este servidor central, el cuál, rebotará el correo hacia su destinatario final. A esta estructura de envío de correos se la llama *relay*.

Para que un servidor de correo pueda enviar sus mensajes al servidor central, basta con poner la directiva *DLNombre_del_servidor_central* dentro del fichero *sendmail.cf* o añadir una línea de este estilo *define(`SMART_HOST', `relay.DOMAIN.com)dnl* en el fichero *sendmail.mc*.

Sincronización horaria mediante NTP

Las siglas NTP corresponden a Network Time Protocol y es un protocolo de comunicaciones que sirve para sincronizar relojes informáticos a traves de la red. El puerto UDP 123 se utiliza para establecer la conexión con los servidores de hora.

Existen diferentes niveles de servidores de hora. Los del nivel 0, corresponden a los relojes GPS o relojes atómicos, mientras que los del nivel 1 reciben la hora de uno o más servidores del nivel 0, y así sucesivamente.

Para que un sistema UNIX pueda sincronizar su reloj con un servidor de hora, es necesario que tenga instalado, configurado y corriendo el software de NTP. Normalmente, este software ya viene instalado con el software base del sistema operativo y veremos que está corriendo el demonio *ntpd*.

```
[root@noname00 ~]# ps -ef |grep -i ntpd |grep -v grep
ntp       1571     1  0 19:23 ?        00:00:00 ntpd -u ntp:ntp -p /var/run/ntpd.pid -g
[root@noname00 ~]#
```

Para configurar el cliente de NTP, una vez más, dependerá de la versión de UNIX que estemos utilizando. Por ejemplo, en un sistema Linux, como norma general, configuraremos el fichero */etc/ntp.conf*. Lo más importante son las líneas *server NombreServidorNTP*, ya que es donde configuramos el servidor de hora con el que nos queremos sincronizar.

```
[root@rd00 ~]# cat /etc/ntp.conf
# For more information about this file, see the man pages
# ntp.conf(5), ntp_acc(5), ntp_auth(5), ntp_clock(5), ntp_misc(5), ntp_mon(5).

driftfile /var/lib/ntp/drift

# Permit time synchronization with our time source, but do not
# permit the source to query or modify the service on this system.
```

restrict default kod nomodify notrap nopeer noquery
restrict -6 default kod nomodify notrap nopeer noquery

 # Permit all access over the loopback interface. This could
 # be tightened as well, but to do so would effect some of
 # the administrative functions.
restrict 127.0.0.1
restrict -6 ::1

 # Hosts on local network are less restricted.
#restrict 192.168.1.0 mask 255.255.255.0 nomodify notrap

 # Use public servers from the pool.ntp.org project.
 # Please consider joining the pool (http://www.pool.ntp.org/join.html).
server 0.fedora.pool.ntp.org iburst
server 1.fedora.pool.ntp.org iburst
server 2.fedora.pool.ntp.org iburst
server 3.fedora.pool.ntp.org iburst

#broadcast 192.168.1.255 autokey   # broadcast server
#broadcastclient   # broadcast client
#broadcast 224.0.1.1 autokey   # multicast server
#multicastclient 224.0.1.1   # multicast client
#manycastserver 239.255.254.254   # manycast server
#manycastclient 239.255.254.254 autokey # manycast client

 # Undisciplined Local Clock. This is a fake driver intended for backup
 # and when no outside source of synchronized time is available.
#server   127.127.1.0   # local clock
#fudge   127.127.1.0 stratum 10

 # Enable public key cryptography.
#crypto

includefile /etc/ntp/crypto/pw

 # Key file containing the keys and key identifiers used when operating
 # with symmetric key cryptography.
keys /etc/ntp/keys

 # Specify the key identifiers which are trusted.
#trustedkey 4 8 42

 # Specify the key identifier to use with the ntpdc utility.
#requestkey 8

 # Specify the key identifier to use with the ntpq utility.
#controlkey 8

 # Enable writing of statistics records.
#statistics clockstats cryptostats loopstats peerstats
[root@rd00 ~]#

Una vez que ya hemos configurado el cliente NTP, tendremos que configurar nuestra ubicación en el planeta Tierra para que podamos obtener la hora correcta. En un sistema Linux encontraremos el fichero /etc/localtime, que suele ser un enlace al archivo que contiene la información de nuestra zona horaria, por ejemplo, a /usr/share/zoneinfo/Europe/Madrid.

El sistema de impresión

PostScript

En el año 1984, John Warnock, Check Geschke, Doug Brotz, Ed Taft y Bill Paxton, de la empresa Adobe, desarrollaron el sistema de impresión PostScript (PS) que, finalmente, ha llegado a convertirse en un estándar.

PS es un lenguaje de programación interpretado capaz de producir un contenido impreso de alta calidad, incluyendo texto enriquecido e imágenes, independiente del dispositivo de salida. Supuso una revolución tecnológica en los medios de comunicación escritos y en editoriales de libros, ya que, hasta entonces, estaban limitados a los sistemas privados de impresión. PS les dio la posibilidad de dar un salto de calidad y un toque personal de marca.

El usuario final que utiliza su impresora, seguramente ni siquiera sabe de la existencia de PS, pues los propios editores de texto como, por ejemplo, OpenOffice, se encargan de traducir el documento en lenguaje PS. Para aquellas impresoras que no soportan PS, existe un intérprete llamado GhostScript que se encarga de presentar datos PS y PDF (Portable Document Format) en pantalla y, además, prepararlos para que puedan ser imprimidos en una impresora con capacidad gráfica mediante el propio controlador de este hardware.

Un script PostScript tiene una estructura similar a esta:

```
newpath
% Inicialización del cursor
100 100 moveto
% Dibujo del rectángulo
400 130 lineto
400 280 lineto
100 250 lineto
```

    100 100 lineto

    stroke

    /Times-Roman findfont
    15 scalefont

    setfont

    100 500 moveto

    (Texto) show

Si nos interesa conocer más en profundidad el lenguaje de programación PostScript, nos podremos dirigir a la página oficial de Adobe http://www.adobe.com/devnet/postscript/.

Comandos relacionados con el sistema de impresión

En los sistemas UNIX, hay un servicio o demonio de impresión que puede variar según la distribución o versión de nuestro sistema. Los demonios de impresión más utilizados son *lpd, lpshed* y *cups.* Su función es la de revisar si hay trabajos en cola que tienen que imprimirse. Estos procesos utilizan el fichero */etc/printcap* para almacenar la configuración de la impresora:

```
[root@noname00 ~]# cat /etc/printcap
# This file was automatically generated by cupsd(8) from the
# /etc/cups/printers.conf file.  All changes to this file
# will be lost.
Stylus-DX4800|EPSON Stylus DX4800:rm=noname00.casita.es:rp=Stylus-DX4800:
[root@noname00 ~]#
```

A continuación se detallan los comandos de UNIX relacionados con el sistema de impresión:

➢ lpr: Sirve para enviar trabajos a la cola de impresión.

Sintaxis:

lpr [-Pimp] [-h] [-#Num] [archivos]

-Pimp → Especificamos a qué impresora (Imp) se enviarán los trabajos.
-h → Elimina la primera hoja de cabecera.
-#Num → Indicamos el número de copias de impresión.

[root@noname00 ~]# lpr -P Stylus-DX4800 prueba.txt

> **lpq:** Analizamos el estado de la cola de impresión.

-a → Vemos el estado de todas las colas de impresión.

[root@noname00 ~]# lpq -P Stylus-DX4800
Stylus-DX4800 está preparada
no hay entradas
[root@noname00 ~]#

> **lprm:** Cancelamos trabajos de impresión.

Sintaxis:

lprm [-Pimp] [-] [Trabajo #] [Usr]

> **lpc:** Comprobamos el estado de todas las impresoras.

[root@noname00 ~]# lpc status
Stylus-DX4800:
        la impresora en el dispositivo 'usb' velocidad -1
        la cola está activada
        la impresión está activada
        no hay entradas
        demonio presente
[root@noname00 ~]#

> **lpadmin:** Sirve para configurar una impresora.
> **lp** *archivo*: Imprime el fichero "archivo".

-d dest → Elegimos la impresora.
-m → Cuando termine la impresión, nos enviará un correo electrónico.
-n num → Número de copias.

➢ **lpstat:** Nos da información sobre el estado actual del sistema de impresión. A continuación, adjuntamos un ejemplo en el que miramos los trabajos de impresión del usuario *usuario1* y los cancelamos:

```
[root@noname00 ~]# lpstat -U usuario1
Stylus-DX4800-24        usuario1            97280   sáb 13 dic 2008 08:13:07 CET
[root@noname00 ~]# cancel -u usuario1
[root@noname00 ~]# lpstat -U usuario1
[root@noname00 ~]#
```

Nota: *cancel* es un comando del sistema de impresión *cups*.

SAMBA-CIFS

SMB/CIFS es un protocolo de compartición de archivos e impresoras con otros sistemas UNIX o Windows, de la misma red local.

El fichero de configuración suele estar en el directorio */etc/samba/smb.conf* y se estructura de la siguiente manera:

- **workgroup:** Establece el nombre de un grupo de trabajo. Debe coincidir tanto en Windows como en UNIX.
- **Permisos de acceso a servidores:** En la directiva *hosts allow = 192.168.1. localhots,* estamos estableciendo las redes o IPs que pueden acceder a los recursos compartidos.
- **Permisos de acceso a usuarios:** En el parámetro *valid users = usuario1 usuario2, etc.* estamos indicando los usuarios que tienen acceso a los recursos compartidos.
- **Compartir recursos:** Cuando en el fichero de configuración veamos una sección del estilo:

```
[homes]
comment = Home Directories
;browseable = yes
writable = yes
create mask = 0777
directory mask = 0777
;valid users = %S
;valid users = MYDOMAIN\%S
```

significa:

```
[nombre para el recurso compartido]
comment = Mi directorio compartido
path = /directorio del sistema UNIX
browseable = yes  → El recurso es visible
writable = yes  → El recurso tiene permisos de escritura
create mask = 0777
```

directory mask = 0777

Por ejemplo, podríamos añadir una sección para compartir fotos como la siguiente:

```
[WindowsD]
comment = Fotos
path = /imagenes/vacaciones
browseable = yes
writeable = yes
create mask = 0777
directory mask = 0777
guest ok = yes

[CDRom]
comment = CD Rom Compartido
path = /media/cdrom0
public = yes
writable = no
browseable = yes
```

Una vez que hemos terminado de configurar el fichero *smb.conf*, tendremos que reiniciar *SAMBA* para poder acceder a los recursos compartidos:

/etc/init.d/smb restart

Desde Windows podemos acceder utilizando el Entorno de Red y navegando por los recursos que encontremos.

Para acceder a los recursos compartidos por Windows, si usamos Konqueror o Nautils, es tan simple como escribir en al barra de direcciones:

smb://nombre_maquina_windows

También podemos utilizar la línea de comandos de la siguiente manera:

- **smbclient -L <host>** → Nos muestra los recursos compartidos en el equipo *<host>*.
- **smbmount //host/nombredelrecurso /mnt/samba** → Nos montará el recurso compartido llamado *nombredelrecurso* en el directorio */mnt/samba*. Para

especificar el nombre de usuario usaremos:

smbmount //host/nombredelrecurso /mnt/samba -o username=<usuario>

- **smbumount /mnt/samba** → Desmontará el recurso compartido que habíamos montado en */mnt/samba*.

- **nmblookup <host>** → Nos devuelve la IP del *<host>* presente en la red.

- **nbtscan <red/mascara>** → Nos escaneará la red en busca de equipos que comparten recursos. Ejemplo:

    nbtscan 192.168.0.0/24

- **smbstatus** → Nos permite ver quien está conectado al servidor Samba.

Si queremos montar un sistema de archivos *SAMBA* durante el arranque del sistema, configuraremos el fichero */etc/fstab* así:

//imagenes/vacaciones /mnt/samba smbfs username=*usuario1*,user,noauto,rw 0 0

El fichero *smbusers* establece una relación entre el usuario de sistema y el usuario cliente *SAMBA*:

```
[root@noname00 samba]# cat smbusers
# Unix_name = SMB_name1 SMB_name2 ...
nobody = guest pcguest smbguest
root = Administrator david
David = david
[root@noname00 samba]#
```

Si no queremos asignar una contraseña al usuario *SAMBA* distinta a la que figura en el fichero */etc/passwd*, deberemos autentificarnos mediante *SAMBA*:

```
[root@noname00 samba]# smbpasswd -a David
New SMB password:
```

Retype new SMB password:
[root@noname00 samba]#

Ejemplo de configuración:

[root@noname00 samba]# grep -v "#" smb.conf

[global]

       workgroup = SMBWRKGRP
       server string = Samba Server Version %v
;   encrypt passwords = yes
       netbios name = vmnoname00

       interfaces = lo eth0 eth1 vmnet0 vmnet1 vmnet8 192.168.165.1/24 172.16.52.1/24 192.168.78.1/24
       hosts allow = ALL

       log file = /var/log/samba/log.%m
       max log size = 50

       security = share
       passdb backend = tdbsam

;   realm = MY_REALM

;   password server = <NT-Server-Name>

;   domain master = yes
;   domain logons = yes
;   logon script = %m.bat
;   logon script = %u.bat

```
;       logon path = \\%L\Profiles\%u
;       logon path =

;       add user script = /usr/sbin/useradd "%u" -n -g users
;       add group script = /usr/sbin/groupadd "%g"
;       add machine script = /usr/sbin/useradd -n -c "Workstation (%u)" -M -d /nohome -s /bin/false "%u"
;       delete user script = /usr/sbin/userdel "%u"
;       delete user from group script = /usr/sbin/userdel "%u" "%g"
;       delete group script = /usr/sbin/groupdel "%g"


;       local master = no
;       os level = 33
;       preferred master = yes


;       wins support = yes
;       wins server = w.x.y.z
;       wins proxy = yes

;       dns proxy = yes


        load printers = yes
        cups options = raw

;       printcap name = /etc/printcap
;       printcap name = lpstat
;       printing = cups


;       map archive = no
;       map hidden = no
;       map read only = no
;       map system = no
        username map = /etc/samba/smbusers
;       guest ok = no
;       guest account = nobody
;       store dos attributes = yes
```

```
[homes]
        comment = Home Directories
;       browseable = yes
        writable = yes
        create mask = 0777
        directory mask = 0777
;       valid users = %S
;       valid users = MYDOMAIN\%S

[WindowsD]
        comment = Fotos compartidas
        path = /fotos
;       browseable = yes
        writeable = yes
        create mask = 0777
        directory mask = 0777
        guest ok = yes

[printers]
        comment = All Printers
        path = /var/spool/samba
        browseable = yes
        guest ok = yes
;       writable = No
        printable = yes
        printer name = Epson_Stylus_DX4800
        use client driver = yes

;       [netlogon]
;       comment = Network Logon Service
;       path = /var/lib/samba/netlogon
;       guest ok = yes
;       writable = no
;       share modes = no

;       [Profiles]
;       path = /var/lib/samba/profiles
;       browseable = no
;       guest ok = yes
```

;   [public]
;   comment = Public Stuff
;   path = /home/samba
;   public = yes
;   writable = yes
;   printable = no
;   write list = +staff

[WindowsC]
            comment = Directorio público
            path = /public
            writeable = yes
;   browseable = yes
            guest ok = yes
[root@noname00 samba]#

Shell script

Intérpretes de comandos

Todas las instrucciones que hemos ido introduciendo a lo largo de este libro se han escrito a través de una línea de comandos, también llamada *shell* o *intérprete de comandos*.

En el mundo UNIX existen varios tipos de intérpretes de comandos. Entre los más destacados están:

- **Bourne shell (sh):** Fue desarrollado por Stephen Borune de los Laboratorios Bell de AT&T. Es el primer intérprete de comandos que se creó y, aunque está un poco limitado, las shells más modernas han heredado muchas de sus características, como la posibilidad de programar *scripts*.

  Un script es un programa escrito con el lenguaje de programación propio de la shell. Se pueden utilizar variables, funciones, bucles, condiciones y comandos del sistema.

- **C shell (csh):** Fue desarrollado por Bill Joy en la Universidad de Berkeley, California. Este intérprete de comandos se creó con la intención de que su sintaxis fuera similar a la del lenguaje de programación *C*. Introdujo conceptos nuevos como la posibilidad de realizar operaciones aritméticas.

- **Bourne shell again (bash):** Se basa en *Bourne shell* y es uno de los intérpretes de comandos más completos y, por lo tanto, extendidos en el mundo UNIX debido a su gran capacidad como lenguaje de programación, además de otras evoluciones que se han ido implementando en cada una de sus versiones.

  Comenzó a desarrollarlo Brian Fox en 1987 pero, en la actualidad, es Chet Ramey quien se encarga de su evolución para el proyecto GNU.

- **Korn shell (ksh):** Fue desarrollado por David Korn de los Laboratorios Bell de AT&T. También está basado en *Bourne shell* y, junto a *bash*, es el intérprete de comandos más extendido. Los scripts hechos con k*sh* y *bash* tienen un alto grado de compatibilidad.

Cuando el administrador del sistema crea una nueva cuenta de usuario, ésta está asociada a una shell:

```
[root@noname00 ~]# grep usuario1 /etc/passwd
usuario1:x:601:601:Mi primer usuario:/home/usuario1:/bin/bash
[root@noname00 ~]#
```

Cada vez que un usuario se autentifica en el sistema se ejecuta un script. En *korn shell* este fichero se llama *.profile* y, en *bash, .bashrc*. Esto sirve ejecutar una serie de instrucciones, llamar a otro script o cargar variables de entorno de manera automática cada vez que entremos en el sistema.

Ejemplo:

```
[usuario1@noname00 ~]$ ls -la
total 40
drwx------ 9 usuario1 usuario1 4096 dic  1 14:35 .
drwxr-xr-x 6 root     root       61 nov  3 16:48 ..
-rw------- 1 usuario1 usuario1 2396 nov 26 21:03 .bash_history
-rw-r--r-- 1 usuario1 usuario1   18 feb 29  2008 .bash_logout
-rw-r--r-- 1 usuario1 usuario1  176 feb 29  2008 .bash_profile
-rw-r--r-- 1 usuario1 usuario1  191 dic  1 14:35 .bashrc
drwxrwxr-x 2 usuario1 usuario1 4096 nov 26 21:00 certificados
drwxrwxr-x 2 usuario1 usuario1   24 nov  8 08:10 ficheros
drwx------ 2 usuario1 usuario1    6 nov  3 17:07 .gconf
drwx------ 2 usuario1 usuario1   24 nov  3 17:08 .gconfd
drwxr-xr-x 3 usuario1 usuario1   21 nov  3 17:07 .gnome2
drwxr-xr-x 4 usuario1 usuario1   37 may 30  2008 .mozilla
-rw------- 1 usuario1 usuario1   50 nov  8 06:46 .sh_history
-rw-rw-r-- 1 usuario1 usuario1   44 nov 25 19:50 .shosts
drwx------ 2 usuario1 usuario1   54 nov 25 19:39 .ssh
-rw------- 1 usuario1 usuario1 4590 dic  1 14:35 .viminfo
[usuario1@noname00 ~]$
```

```
[usuario1@noname00 ~]$ cat .bashrc
# .bashrc

# Source global definitions
if [ -f /etc/bashrc ]; then
        . /etc/bashrc
fi

# User specific aliases and functions
```
echo Soy el usuario usuario1 y estoy utilizando la shell $SHELL
`[usuario1@noname00 ~]$`


```
[root@noname00 ~]# su - usuario1
```
Soy el usuario usuario1 y estoy utilizando la shell /bin/bash
`[usuario1@noname00 ~]$`

Modos de ejecutar un script

Un script se puede ejecutar de diferentes maneras. Utilizaremos el siguiente con el fin de mostrarlas:

```
[usuario1@noname00 scripts]$ cat hola_mundo.sh
echo Hola Mundo
[usuario1@noname00 scripts]$
```

- Utilizando la shell con que esté programado, seguido del nombre del script:

    ```
    [usuario1@noname00 scripts]$ bash hola_mundo.sh
    Hola Mundo
    [usuario1@noname00 scripts]$ sh hola_mundo.sh
    Hola Mundo
    [usuario1@noname00 scripts]$ ksh hola_mundo.sh
    Hola Mundo
    [usuario1@noname00 scripts]$
    ```

- Asignando permisos de ejecución al fichero y escribiendo los símbolos "./" delante del nombre del script:

    [usuario1@noname00 scripts]$ ls -la
    total 8
    drwxrwxr-x 2 usuario1 usuario1   26 dic 1 15:23 .
    drwx------ 10 usuario1 usuario1 4096 dic 1 15:23 ..
    -rw-rw-r-- 1 usuario1 usuario1   16 dic 1 15:23 hola_mundo.sh
    [usuario1@noname00 scripts]$ ./hola_mundo.sh
    -bash: ./hola_mundo.sh: Permiso denegado
    [usuario1@noname00 scripts]$

    [usuario1@noname00 scripts]$ chmod u+x hola_mundo.sh
    [usuario1@noname00 scripts]$ ./hola_mundo.sh
    Hola Mundo
    [usuario1@noname00 scripts]$

- Si el script contiene variables de entorno escribiremos ". " (un punto seguido de un espacio) y el nombre del archivo, con el fin de conservar el valor de las variables dentro de nuestra sesión de usuario. Con el comando "export Variable=Valor", conseguimos el mismo efecto.

    Ejemplo:

    [usuario1@noname00 scripts]$ cat variables.sh
    NOMBRE=David
    [usuario1@noname00 scripts]$ ./variables.sh
    [usuario1@noname00 scripts]$ echo $NOMBRE

    [usuario1@noname00 scripts]$ **. variables.sh**
    [usuario1@noname00 scripts]$ echo $NOMBRE
    David
    [usuario1@noname00 scripts]$

    Como podemos observar, con el comando ". variables.sh" sí que obtenemos el valor de la variable *NOMBRE*, escribiendo el símbolo "$" delante del nombre de la variable.

Esta función nos será útil para no tener que cargar manualmente las variables de entorno que necesite un software para correr, por ejemplo, podríamos cargar la variable *JAVA_HOME* para algún programa escrito en Java o cargar la variable *SID* para poder trabajar con una base de datos Oracle.

Variables reservadas

Hay una serie de variables reservadas por la shell para un uso específico. Son las siguientes:

→ Guarda el número de parámetros asociados a la ejecución del script.
* → Guarda la cadena de caracteres de los argumentos.
? → Guarda el código de error devuelto por la última orden del script (0 = sin errores).
@ → Guarda la cadena de parámetros entera pero como una lista de cadenas y no como una sola.
$0 → En realidad no es una variable reservada, sino que representa al primer campo de la línea de argumentos, que es el nombre del script.

Ejemplo:

➢ Contenido del script:

```
[usuario1@noname00 scripts]$ cat parametros.sh
#!/bin/bash

PARAMETRO1=$1
PARAMETRO2=$2
PARAMETRO3=$3
ARRAY_PARAMETROS=$@
HORA=$(date)

echo El valor del parametro1 es: $PARAMETRO1
echo El valor del parametro2 es: $PARAMETRO2
echo El valor del parametro3 es: $PARAMETRO3
```

echo El código de error devuelto por el último comando del script ha sido: $?

echo El número de parámetros asociados a este script son: $#

echo Los parámetros que se han pasado son: $*

echo Asignamos un comando a una variable, que nos da la hora actual: $HORA
[usuario1@noname00 scripts]$

➢ Ejecución:

[usuario1@noname00 scripts]$ ./parametros.sh param1 param2 param3
El valor del parametro1 es: param1
El valor del parametro2 es: param2
El valor del parametro3 es: param3
El código de error devuelto por el último comando del script ha sido: 0
El número de parámetros asociados a este script son: 3
Los parámetros que se han pasado son: param1 param2 param3
Asignamos un comando a una variable, que nos da la hora actual: lun dic 1 16:22:54 CET 2008

Funciones propias de la shell

shift *número*

Sirve para que el valor de un parámetro sea equivalente al que está en la posición actual más *número*, es decir, si *número* vale **2**, el parámetro número **1** será igual al valor que tiene el parámetro que está en la posición 3 (**1+2**).

Ejemplo:

[usuario1@noname00 scripts]$ cat shift.sh
#!/bin/bash

```
echo Valores originales de los parámetros:
echo El valor del parámetro UNO es: $1
echo El valor del parámeteo DOS es:  $2
echo El valor del parámetro TRES es: $3
shift 2
echo Valores de los parámetros tras el uso del comando shift:
echo \$1 vale: $1
echo \$2 vale: $2
echo \$3 vale: $3
[usuario1@noname00 scripts]$
```

```
[usuario1@noname00 scripts]$ ./shift.sh UNO DOS TRES CUATRO CINCO
Valores originales de los parámetros:
El valor del parámetro UNO es: UNO
El valor del parámeteo DOS es:  DOS
El valor del parámetro TRES es: TRES
Valores de los parámetros tras el uso del comando shift:
$1 vale: TRES
$2 vale: CUATRO
$3 vale: CINCO
[usuario1@noname00 scripts]$
```

read *variables*

Sirve para almacenar el valor de una o varias variables que hemos introducido a través del teclado.

Ejemplo:

- Contenido del script:

    ```
    [usuario1@noname00 scripts]$ cat read.sh
    #!/bin/ksh

    echo Escribe tu nombre:
    read Nombre
    ```

```
echo Escribe tus apellidos:
read Apellido1 Apellido2
echo
echo Tu nombre completo es: $Nombre $Apellido1 $Apellido2
[usuario1@noname00 scripts]$
```

> Ejecución:

```
[usuario1@noname00 scripts]$ ./read.sh
Escribe tu nombre:
David
Escribe tus apellidos:
Martínez Perales

Tu nombre completo es: David Martínez Perales
[usuario1@noname00 scripts]$
```

expr

Sirve para realizar operaciones aritméticas.

Operadores aritméticos	
+	Suma
-	Resta
*	Multiplicación Nota: este símbolo también corresponde con una variables especial para la shell, por lo que si lo queremos usar como multiplicación, lo tendremos que escribir como "*".
/	División

%	Resto de la división
Operadores relacionales	
=	Igual
!=	Diferente
>	Mayor que
>=	Mayor o igual que
<	Menor que
<=	Menor o igual que
Operadores lógicos	
| (pipe)	Operación "O"
&	Operación y "AND"

Ejemplo:

```
[usuario1@noname00 ~]$ expr 15 + 30
45
[usuario1@noname00 ~]$
```

test

Evalúa dos expresiones. A continuación se describen sus argumentos:

> Parámetros relacionados con los archivos:
> **-f** → Devuelve 0 si el archivo existe y no es ni un directorio ni un dispositivo.
> **-s** → Devuelve 0 si el archivo existe y tiene un tamaño mayor que 0.
> **-r** → Devuelve 0 si el archivo existe y tiene permiso de lectura.

-w → Devuelve 0 si el archivo existe y tiene permiso de escritura.
-d → Devuelve 0 si la búsqueda pertenece a un directorio.

- Parámetros relacionados con las cadenas de texto:

    -z → Devuelve 0 si el número de caracteres de una cadena es igual 0.
    -n → Igual que el parámetro anterior con la diferencia de que comprueba que el tamaño de la cadena sea mayor que 0.

- Parámetros relacionados con números:

    -lt → Menor que
    -le → Menor o igual que
    -gt → Mayor que
    -ge → Mayor o igual que
    -eq → Igual a
    -ne → Diferente a

Un ejemplo sencillo del uso de esta función:

- Contenido del script:

    ```
    [usuario1@noname00 scripts]$ cat testsc.sh
    #!/bin/bash

    echo -n "Vamos a comprobar que existe el archivo testsc.sh: "

    test -f "testsc.sh"

    echo $?


    CADENA="Soy una cadena de texto"
    echo -n "Vamos a comprobar si una cadena de texto está vacía: "
    test -z "$CADENA"

    echo $?
    ```

```
NUM1=10
NUM2=20

echo -n "Vamos a comprobar si NUM1 es mayor que NUM2: "

test $NUM1 -gt $NUM2

echo $?
[usuario1@noname00 scripts]$
```

> Ejecución:

```
[usuario1@noname00 scripts]$ ./testsc.sh
Vamos a comprobar que existe el archivo testsc.sh: 0
Vamos a comprobar si una cadena de texto está vacía: 1
Vamos a comprobar si NUM1 es mayor que NUM2: 1
[usuario1@noname00 scripts]$
```

if

Se utiliza para ejecutar una tarea u otra en función de que se cumpla o no una condición.

Ejemplo:

> Contenido del script:

```
[usuario1@noname00 scripts]$ cat ifsc.sh
#!/bin/bash
# Comprobamos si está escuchando el puerto 80, típico de un Webserver
WS=`netstat -an |grep " 80 " |grep LISTEN`
# Si la cadena de texto está vacía
if [[ -z $WS ]]
then

    echo No tenemos ningún servicio arrancado y escuchando por el puerto 80.
```

```
# De lo contrario
else

    echo Tenemos un Webserver arrancado

fi
[usuario1@noname00 scripts]$
```

> Ejecución:

```
[usuario1@noname00 scripts]$ ./ifsc.sh
No tenemos ningún servicio arrancado y escuchando por el puerto 80.
[usuario1@noname00 scripts]$
```

case

Compara el valor de una variable con los valores definidos en cada uno de los estamentos.

Sintaxis:

```
case variable in
        estamento1) acciones a ejecutar;;
        estamento2) acciones a ejecutar;;
        estamento "n") acciones a ejecutar;;
esac
```

Ejemplo:

> Contenido del script:

```
[usuario1@noname00 scripts]$ cat casesc.sh
#!/bin/bash

echo Escribe un número del 1 al 3:
read NUM
```

```
case $NUM in

    1) echo Has escrito el número 1;;
    2) echo Has escrito el número 2;;
    3) echo has escrito el número 3;;
     *) echo El número o la palabra escrita no coincide con el rango solicitado;;

esac
```
[usuario1@noname00 scripts]$

- ➢ Ejecución:

```
[usuario1@noname00 scripts]$ ./casesc.sh
Escribe un número del 1 al 3:
2
Has escrito el número 2
[usuario1@noname00 scripts]$ ./casesc.sh
Escribe un número del 1 al 3:
5
El número o la palabra escrita no coincide con el rango solicitado
[usuario1@noname00 scripts]$
```

while

Se ejecutan una serie de acciones mientras se cumpla una condición.

Sintaxis:

```
while condición
do
   ordenes

done
```
Ejemplo:

- ➢ Tenemos el directorio *ficheros* con el siguiente contenido:

```
[usuario1@noname00 scripts]$ cd ficheros/
[usuario1@noname00 ficheros]$ ls -la
total 40
drwxrwxr-x 2 usuario1 usuario1  140 dic  2 19:04 .
drwxrwxr-x 3 usuario1 usuario1 4096 dic  2 19:04 ..
-rwxrw-r-- 1 usuario1 usuario1  275 dic  2 19:04 casesc.sh
-rwxrw-r-- 1 usuario1 usuario1   16 dic  2 19:04 hola_mundo.sh
-rwxrw-r-- 1 usuario1 usuario1  206 dic  2 19:04 ifsc.sh
-rwxrw-r-- 1 usuario1 usuario1  493 dic  2 19:04 parametros.sh
-rwxrwxr-x 1 usuario1 usuario1  165 dic  2 19:04 read.sh
-rwxrw-r-- 1 usuario1 usuario1  317 dic  2 19:04 shift.sh
-rwxrw-r-- 1 usuario1 usuario1  341 dic  2 19:04 testsc.sh
-rwxrw-r-- 1 usuario1 usuario1   13 dic  2 19:04 variables.sh
[usuario1@noname00 ficheros]$
```

➢ Creamos un script que se va a encargar de empaquetar en formato *tar* algunos archivos:

```
[usuario1@noname00 scripts]$ cat whilesc.sh
#!/bin/bash

while read FICHERO
do

    echo "Empaquetando el fichero $FICHERO" \n
    tar cvf $FICHERO.tar $FICHERO

done <<EOF
ficheros/casesc.sh
ficheros/hola_mundo.sh
ficheros/variables.sh
EOF
[usuario1@noname00 scripts]$
```

➢ Lo ejecutamos:

```
[usuario1@noname00 scripts]$ ./whilesc.sh
Empaquetando el fichero ficheros/casesc.sh n
ficheros/casesc.sh
Empaquetando el fichero ficheros/hola_mundo.sh n
```

ficheros/hola_mundo.sh
Empaquetando el fichero ficheros/variables.sh n
ficheros/variables.sh
[usuario1@noname00 scripts]$

> Comprobamos que se han empaquetado los archivos que queríamos:

```
[usuario1@noname00 ficheros]$ ls -la
total 80
drwxrwxr-x 2 usuario1 usuario1  4096 dic  2 19:10 .
drwxrwxr-x 3 usuario1 usuario1  4096 dic  2 19:10 ..
-rwxrw-r-- 1 usuario1 usuario1   275 dic  2 19:04 casesc.sh
-rw-rw-r-- 1 usuario1 usuario1 10240 dic  2 19:10 **casesc.sh.tar**
-rwxrw-r-- 1 usuario1 usuario1    16 dic  2 19:04 hola_mundo.sh
-rw-rw-r-- 1 usuario1 usuario1 10240 dic  2 19:10 **hola_mundo.sh.tar**
-rwxrw-r-- 1 usuario1 usuario1   206 dic  2 19:04 ifsc.sh
-rwxrw-r-- 1 usuario1 usuario1   493 dic  2 19:04 parametros.sh
-rwxrwxr-x 1 usuario1 usuario1   165 dic  2 19:04 read.sh
-rwxrw-r-- 1 usuario1 usuario1   317 dic  2 19:04 shift.sh
-rwxrw-r-- 1 usuario1 usuario1   341 dic  2 19:04 testsc.sh
-rwxrw-r-- 1 usuario1 usuario1    13 dic  2 19:04 variables.sh
-rw-rw-r-- 1 usuario1 usuario1 10240 dic  2 19:10 **variables.sh.tar**
[usuario1@noname00 ficheros]$
```

Ahora vamos a leer el contenido de un fichero:

```
while read line
do

    echo $line

done < miarchivo.txt
```

until

Se ejecutan las órdenes indicadas hasta que se cumpla una condición.

Sintaxis:

>until condición
>do
>
>>órdenes
>
>done

for

Se ejecutan una serie de órdenes hasta que finalicemos el recorrido de una lista.

Sintaxis:

>for *variable* in *lista*
>do
>
>>órdenes
>
>done

Ejemplo secuencial del uso de *for*:

- Contenido del script:

    ```
    [usuario1@noname00 scripts]$ cat forex.sh
    #!/bin/bash

    for i in `seq 1 10`; do

       echo el valor de la variable 'i' es: $i

    done
    ```

[usuario1@noname00 scripts]$

- Ejecución del script:

    ```
    [usuario1@noname00 scripts]$ ./forex.sh
    el valor de la variable i es: 1
    el valor de la variable i es: 2
    el valor de la variable i es: 3
    el valor de la variable i es: 4
    el valor de la variable i es: 5
    el valor de la variable i es: 6
    el valor de la variable i es: 7
    el valor de la variable i es: 8
    el valor de la variable i es: 9
    el valor de la variable i es: 10
    [usuario1@noname00 scripts]$
    ```

Un ejemplo algo más complejo:

- Contenido del script:

    ```
    [usuario1@noname00 scripts]$ cat forsc.sh
    #!/bin/bash

    # Buscamos todos los ficheros con extensión "sh" dentro del directorio "ficheros"
    for F in `find ficheros -name "*.sh"`
    do

       # Comprimimos cada uno de los ficheros encontrados
       echo Comprimiendo en gzip el archivo $F
       gzip $F
    done
    [usuario1@noname00 scripts]$
    ```

- Ejecución del script:

    ```
    [usuario1@noname00 scripts]$ ./forsc.sh
    ```

```
Comprimiendo en gzip el archivo ficheros/casesc.sh
Comprimiendo en gzip el archivo ficheros/hola_mundo.sh
Comprimiendo en gzip el archivo ficheros/ifsc.sh
Comprimiendo en gzip el archivo ficheros/parametros.sh
Comprimiendo en gzip el archivo ficheros/read.sh
Comprimiendo en gzip el archivo ficheros/shift.sh
Comprimiendo en gzip el archivo ficheros/testsc.sh
Comprimiendo en gzip el archivo ficheros/variables.sh
[usuario1@noname00 scripts]$
```

➢ Comprobamos el resultado:

```
[usuario1@noname00 ficheros]$ ls -al
total 80
drwxrwxr-x 2 usuario1 usuario1  4096 dic  2 19:28 .
drwxrwxr-x 3 usuario1 usuario1  4096 dic  2 19:28 ..
-rwxrw-r-- 1 usuario1 usuario1   184 dic  2 19:04 casesc.sh.gz
-rw-rw-r-- 1 usuario1 usuario1 10240 dic  2 19:18 casesc.sh.tar
-rwxrw-r-- 1 usuario1 usuario1    50 dic  2 19:04 hola_mundo.sh.gz
-rw-rw-r-- 1 usuario1 usuario1 10240 dic  2 19:18 hola_mundo.sh.tar
-rwxrw-r-- 1 usuario1 usuario1   186 dic  2 19:04 ifsc.sh.gz
-rwxrw-r-- 1 usuario1 usuario1   301 dic  2 19:04 parametros.sh.gz
-rwxrwxr-x 1 usuario1 usuario1   126 dic  2 19:04 read.sh.gz
-rwxrw-r-- 1 usuario1 usuario1   191 dic  2 19:04 shift.sh.gz
-rwxrw-r-- 1 usuario1 usuario1   216 dic  2 19:04 testsc.sh.gz
-rwxrw-r-- 1 usuario1 usuario1    46 dic  2 19:04 variables.sh.gz
-rw-rw-r-- 1 usuario1 usuario1 10240 dic  2 19:18 variables.sh.tar
[usuario1@noname00 ficheros]$
```

break, continue y exit

Las tres órdenes sirven para interrumpir un bucle *for*, *while* o *until*.

➢ **break**: Salimos completamente del bucle y continuamos con la ejecución del script.
➢ **continue**: Salimos de la ejecución actual del bucle pero continuamos con la siguiente repetición.

- **exit *n*:** Detiene la ejecución del script y se asigna a *n* el código de error.

Ejemplo:

- Contenido del script:

    ```
    [usuario1@noname00 scripts]$ cat bucle.sh
    #!/bin/bash
    for i in 1 2 3 4 5
    do

        if [[ $i = 3 ]]
        then

            # Si el número es el 3, saltamos a la siguiente iteración del bucle

            continue

        else

            echo $i

        fi

    done
    ```

- Ejecución:

    ```
    [usuario1@noname00 scripts]$ sh bucle.sh
    1
    2
    4
    5
    [usuario1@noname00 scripts]$
    ```

select

Sirve para crear un menú de opciones.

Ejemplo:

> Contenido del script:

```
[usuario1@noname00 scripts]$ cat selectsc.sh
#!/bin/bash

echo Elige una opción:
echo lsla - Ejecuta el comando "ls -la".
echo whor - Ejecuta el comando "who -r".
echo Salir - Salimos del menú.

PS3="Opcion: " #sin acento
select i in lsla whor Salir
do

   case $i in

      lsla) ls -la;;
      whor) who -r;;
      Salir) exit 0;;
      *) {

      clear
      echo "1) lsla"
      echo "2) whor"
      echo "3) Salir"
      }

   esac
done
[usuario1@noname00 scripts]$
```

> Ejecución:

```
[usuario1@noname00 scripts]$ ./selectsc.sh
Elige una opción:
lsla - Ejecuta el comando ls -la.
whor - Ejecuta el comando who -r.
Salir - Salimos del menú.
```

```
1) lsla
2) whor
3) Salir
Opcion: 1
total 60
drwxrwxr-x  3 usuario1 usuario1 4096 dic  2 19:45 .
drwx------ 10 usuario1 usuario1 4096 dic  2 19:45 ..
-rwxrw-r--  1 usuario1 usuario1  275 dic  1 18:12 casesc.sh
drwxrwxr-x  2 usuario1 usuario1 4096 dic  2 19:28 ficheros
-rwxrw-r--  1 usuario1 usuario1  116 dic  2 19:28 forsc.sh
-rwxrw-r--  1 usuario1 usuario1   16 dic  1 15:23 hola_mundo.sh
-rwxrw-r--  1 usuario1 usuario1  206 dic  1 18:01 ifsc.sh
-rwxrw-r--  1 usuario1 usuario1  493 dic  1 16:22 parametros.sh
-rwxrwxr-x  1 usuario1 usuario1  165 dic  1 17:07 read.sh
-rwxrw-r--  1 usuario1 usuario1  397 dic  2 19:45 selectsc.sh
-rwxrw-r--  1 usuario1 usuario1  317 dic  1 16:51 shift.sh
-rwxrw-r--  1 usuario1 usuario1  341 dic  1 17:54 testsc.sh
-rwxrw-r--  1 usuario1 usuario1   13 dic  1 15:32 variables.sh
-rwxrw-r--  1 usuario1 usuario1  193 dic  2 19:19 whilesc.sh
Opcion: 2
        `run-level' 5 2008-12-21 07:20
Opcion: 3
[usuario1@noname00 scripts]$
```

Uso de *arrays*

Un array es una agrupación de variables cuyo acceso se realiza por índices. A continuación mostramos un ejemplo de uso:

➤ Contenido del script:

```
[usuario1@noname00 scripts]$ cat array.sh
#!/bin/bash

miarray=(rojo verde azul)
echo Valor de la primera posición del array: ${miarray[0]}
echo Valor de la segunda posición del array: ${miarray[1]}
echo Valor de la tercera posición del array: ${miarray[2]}
```

[usuario1@noname00 scripts]$

➢ Ejecución del script:

[usuario1@noname00 scripts]$ ./array.sh
Valor de la primera posición del array: rojo
Valor de la segunda posición del array: verde
Valor de la tercera posición del array: azul
[usuario1@noname00 scripts]$

También podemos utilizar la variable "set" para agrupar un conjunto de variables. Funciona de la siguiente manera:

➢ Contenido del script:

[usuario1@noname00 scripts]$ cat NombreServidores.sh
#!/sbin/sh

set -A SRVS "Servidor1 Servidor2 Servidor3 Servidor4"

for SERVIDOR in ${SRVS}
do

  echo $SERVIDOR

done
[usuario1@noname00 scripts]$

➢ Ejecución del script:

[usuario1@noname00 scripts]$ ./NombreServidores.sh
Servidor1
Servidor2
Servidor3
Servidor4
[usuario1@noname00 scripts]$

Funciones creadas por nosotros

Las funciones sirven para ejecutar el código que contienen cuando son llamadas, de esta manera evitamos escribir el mismo código cada vez que lo necesitemos.

Sintaxis:

> \# Definición de la función
> function *Nombre_función* {
>
>   Instrucciones
>
> }
>
> \# Llamada a la función desde el script
>
> Nombre_función

Ejemplo:

> ➢ Contenido del script:
>
> ```
> [usuario1@noname00 scripts]$ cat funcion.sh
> #!/bin/bash
>
> # Defino la función
>
> function desbloquea_cuenta () {
>
>    # Esta función desbloquea una cuenta de usuario
>
>    # USUARIO toma el valor del primer parámetro que se le pasa a la función
>    USUARIO=$1
>
>    # Desbloqueamos la cuenta
>    passwd -u $USUARIO
> ```

}

Cuerpo del script

echo
echo "Teclea la cuenta de usuario que quieres desbloquear:"
read CUENTA

desbloquea_cuenta $CUENTA

RESULTADO=$?

if [[$RESULTADO = 0]]
then

   echo La cuenta se ha desbloqueado satisfactoriamente.
else

   echo Imposible desbloquear la cuenta.

fi

echo
[usuario1@noname00 scripts]$

> Ejecución fallida para comprobar la condición definida en la sección "if – fi":

[usuario1@noname00 scripts]$ ./funcion.sh

Teclea la cuenta de usuario que quieres desactivar:
David
Sólo root puede hacer eso.
Imposible desbloquear la cuenta.

[usuario1@noname00 scripts]$

> Ejecución correcta:

[root@noname00 scripts]# ./funcion.sh

Teclea la cuenta de usuario que quieres desactivar:
usuario1
Desbloqueando la contraseña para el usuario usuario1.
passwd: Exito
La cuenta se ha desbloqueado satisfactoriamente.

[root@noname00 scripts]#

Si queremos agrupar una serie de funciones en un solo fichero (librería), desde nuestro script podemos cargar este archivo, tal y como sigue:

. /librerias/fichero_librerias.lib

Tras esta definición ya podremos hacer una llamada a las funciones definidas en este fichero.

Ejemplo:

- Creamos la librería:

    [root@noname00 scripts]# cat funcion.lib
    #!/bin/bash
    function desbloquea_cuenta () {

    # Esta función desbloquea una cuenta de usuario

    USUARIO=$1

    passwd -u $USUARIO

    }
- Creamos el script que utiliza las funciones de la librería:

    [root@noname00 scripts]#

    [root@noname00 scripts]# cat funcion2.sh

```
#!/bin/bash

. funcion.lib

echo
echo "Teclea la cuenta de usuario que quieres desactivar:"
read CUENTA

desbloquea_cuenta $CUENTA

RESULTADO=$?

if [[ $RESULTADO = 0 ]]
then

    echo La cuenta se ha desbloqueado satisfactoriamente.

else

    echo Imposible desbloquear la cuenta.
fi

echo
[root@noname00 scripts]#
```

> Ejecutamos el script:

```
[root@noname00 scripts]# ./funcion2.sh

Teclea la cuenta de usuario que quieres desactivar:
usuario1
Desbloqueando la contraseña para el usuario usuario1.
passwd:
La cuenta se ha desbloqueado satisfactoriamente.

[root@noname00 scripts]#
```

Guardar la información útil generada por un script

Cuando estamos programando un script, es muy probable que nos interese guardar la información que genera para visualizarla tras su ejecución, tenerla a modo de histórico, compararla, porque otro script la necesitará, etc. Para almacenar la información en un fichero, por norma general, utilizaremos los métodos de redirección que se explicaban en el capítulo "Modificar la salida estándar de un comando", sin embargo, hay un comando específico que sirve para guardar la información en el log del sistema. Este comando se llama logger y funciona así:

>[root@noname00 scripts]# *pwd*
>*/var/log*
>[root@noname00 scripts]# **logger** *"Mensaje de prueba para almacenar en el log del sistema"*
>[root@noname00 scripts]# *tail -1 messages*
>*Apr 16 09:52:09 noname00 usuario1: Mensaje de prueba para almacenar en el log del sistema*
>[root@noname00 scripts]#

Sin embargo, puede que no siempre nos interese almacenar la información en el log del sistema. De hecho, no es lo habitual. Lo normal sería guardarla en un fichero de log específico para cada script.

Por ejemplo:

- Guardamos la información del script en el fichero /tmp/milog.log

    [root@noname00 scripts]# sh miscript.sh > /tmp/milog.log

- Ahora guardamos la información del script y de los comandos a los que éste llama.

    [root@noname00 scripts]# sh miscript.sh > /tmp/milog.log ***2>&1***

Sistemas de alta disponibilidad

Conceptos

Un sistema de alta disponibilidad (HA – High Availability en inglés) consiste en que el servicio que se está dando, está lo suficientemente redundado como para que nunca pueda verse interrumpido, ni siquiera, en caso de incidencia.

Las características de este tipo de servicio son las siguientes:

- La alimentación eléctrica que abastece a los equipos informáticos ha de estar suministrada por dos compañías diferentes ya que, en caso de avería en una de ellas, siempre podremos obtener la energía de la otra.
- Incluso si ambas compañías fallan, el CPD (Centro de Proceso de Datos) tiene que estar alimentado por un SAI (Sistema de Alimentación Ininterrumpida), el cuál, garantizará el suministro eléctrico durante un periodo prudencial en el que podremos cerrar ordenadamente las aplicaciones y sistemas si la avería es demasiado grabe como para no poderla solventar lo suficientemente rápido.
- Los equipos informáticos deberán disponer de dos fuentes de alimentación como mínimo, cada una de ellas conectada a una toma de corriente diferente para que el hardware siga disponiendo de electricidad si alguna fuente se estropea o hay alguna avería en una de las tomas.
- Las tarjetas de red y discos duros también han de estar redundados. Es posible unir dos tarjetas de red para servir una sola IP, de esta manera, si se estropea una tarjeta, seguiremos teniendo servicio por la otra. En cuanto a los discos duros, aquellos que contienen los datos deben ser discos externos.
- Los servidores que forman el cluster, para más seguridad, han de estar ubicados físicamente en CPDs con placas tectónicas diferentes.
- En cuanto al software:

    - Siempre se ha de montar en *cluster*.
    - Los datos críticos se han de guardar en una torre de discos para que puedan ser consultados por más de un servidor en caso de que el principal tenga algún problema.

¿Qué es un cluster de aplicaciones?

Consiste en que una misma aplicación se puede ejecutar en dos o más sistemas diferentes, todos ellos disponibles para prestar servicio en cualquier momento.

- **Cluster activo-activo:** Todos los servidores dan servicio a la vez.
- **Cluster activo-pasivo:** Un servidor prestará el servicio cuando el principal no esté en condiciones de hacerlo, debido a alguna incidencia de hardware o software.

A continuación, se presenta un esquema de un entorno de **software** en cluster:

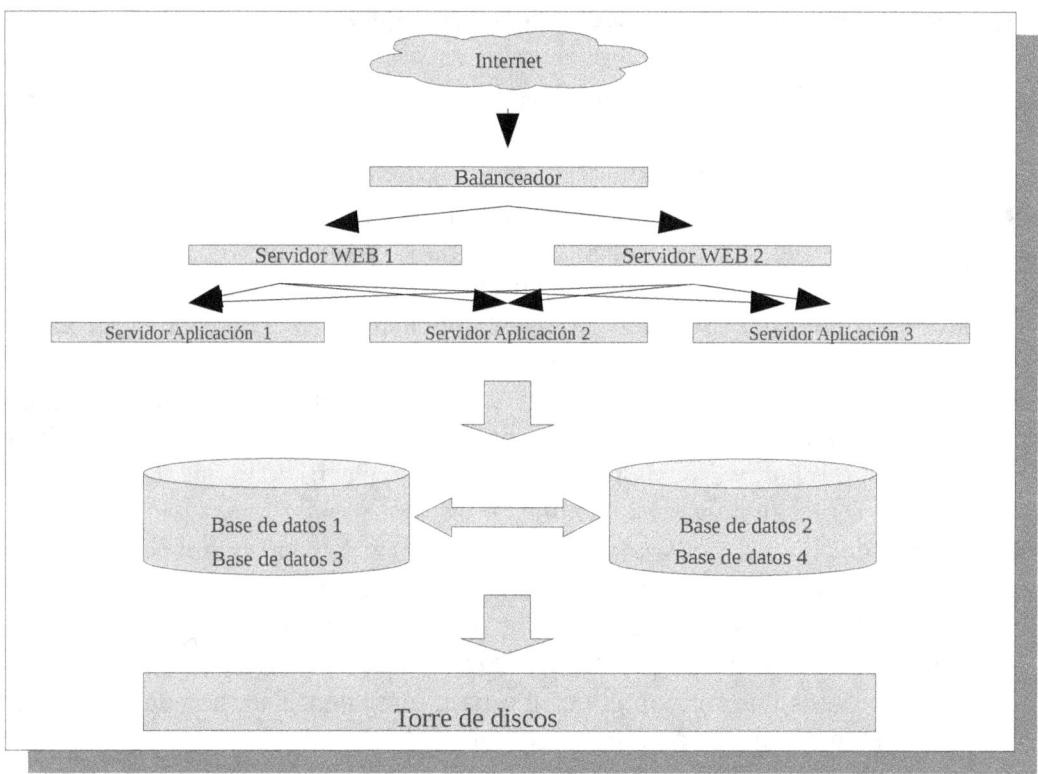

El esquema anterior se interpreta de la siguiente manera:

- Un usuario de Internet entra a una página WEB a través de su IP pública, la cuál reside en el balanceador.

- Este elemento se encarga de distribuir la carga entre dos servidores WEB, los cuales pueden enviar la petición del usuario a cualquiera de los tres servidores de aplicación disponibles (cluster activo-activo).
- Si cayera alguno de los servidores de aplicación, los Webservers todavía podrían enviar las peticiones a los otros dos restantes.
- La aplicación necesita consultar, borrar o escribir algunos datos de las bases de datos ubicadas en los dos servidores observamos. El primero contiene las bases de datos "1" y "3", mientras que en el segundo se ubican la número 2 y la número 4. Cada base de datos es independiente del resto y guarda información diferente, sin embargo, si cayera el primer servidor, las BDs 1 y 3 podrán arrancarse en el segundo, ya que en él reside una réplica de los scripts de arranque y también tiene acceso a los discos correspondientes. Ocurriría lo mismo con las bases de datos 2 y 4. Esto es lo que se llama un cluster activo-pasivo.

¿Cómo es posible que dos servidores tengan acceso a los mismos discos de la torre?

Normalmente, todos los servidores que forman parte del servicio tienen acceso a los mismos datos de los mismos discos a la vez pero un filesystem solamente debe estar montado en un único servidor para evitar corrupción de datos, excepto en algunos tipos de servicios y filesystems como el ASM de Oracle o el GFS de RedHat, que se autogestionan para que todos los servidores accedan al "mismo tiempo" a los mismos datos (comparten bloques de datos).

Para dar visibilidad a los discos, el técnico de hardware de la torre traza el cableado de fibra óptica hacia todos los servidores que han de poder acceder a ella. Este cableado se conecta en más de una tarjeta de fibras del mismo servidor en previsión de posibles averías hardware. Esto significa que veremos el mismo disco por duplicado en cada uno de los sistemas. Una vez finalizada la configuración hardware y software propia de la torre por parte de sus administradores, desde el sistema operativo podremos ver todas las LUNs (Logical Unit Number) que se han definido.

Una LUN es una porción de espacio de la torre de discos que puede formar parte de uno o varios discos físicos. Desde el sistema operativo todas las LUNs son tratadas como si fueran discos físicos únicos.

Según el cableado del gráfico que viene a continuación, los servidores 1 y 2, verán los mismos discos por cuatro caminos diferentes, ya que hay dos tarjetas de fibras en la torre y otras dos en cada servidor.

El software que acompaña a la torre nos permite visualizar cada una de las LUNs y configurar el *multipathing*, es decir, distribuir el acceso desde los servidores UNIX a la torre por diferentes caminos y, por lo tanto, optimizar los tiempos de respuesta de lectura y escritura a los discos, así como redundar los accesos, otorgando mayor seguridad y robustez al sistema.

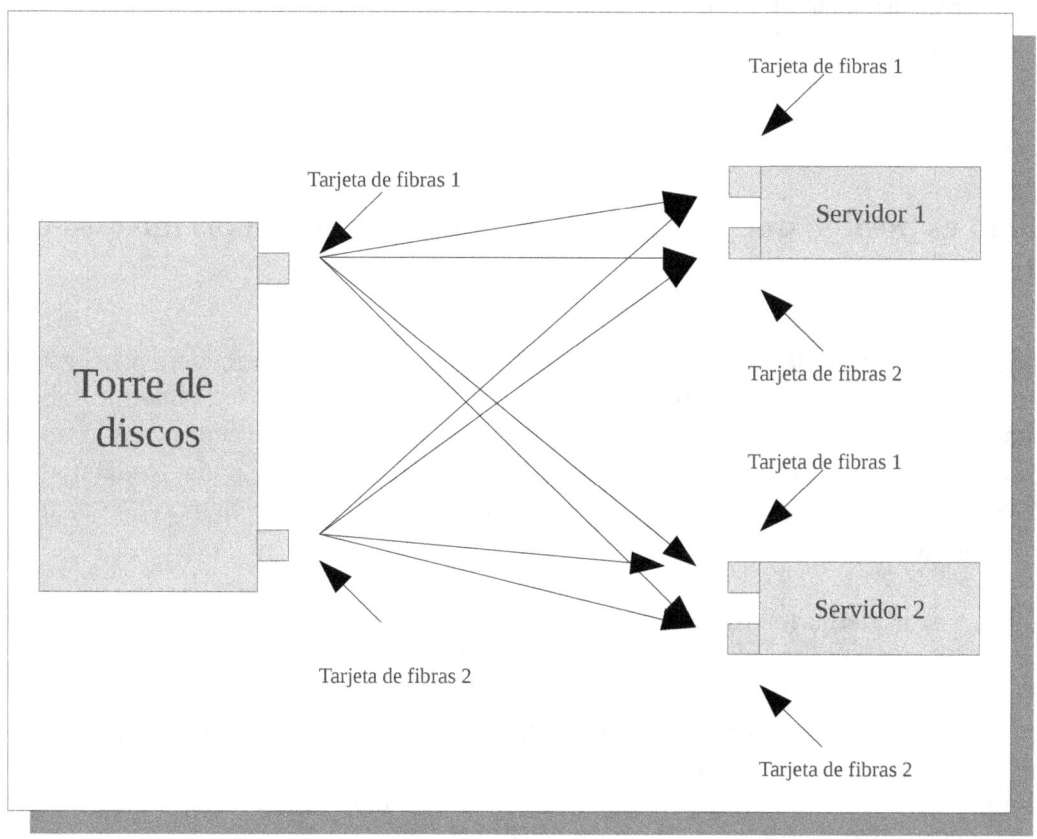

En realidad, el esquema anterior no es totalmente cierto, ya que en el lado de la cabina es habitual que existan diferentes switches de fibra, también redundados, que acceden a los mismos discos y, por lo tanto, puede aumentar el número de caminos a los discos que vea el sistema operativo. La arquitectura hardware se puede complicar o asegurar tanto como deseemos. Lo importante es haber entendido el concepto.

Antiguamente, los fabricantes de cabinas de discos desarrollaban su propio software de *multipahing* para cada sistema operativo. Aunque ellos continúan desarrollando este tipo de software, los sistemas operativos modernos ya incorporan su propio software de multipathing. Veamos un ejemplo en HP-UX 11.31:

```
[noname00] root:/root # scsimgr lun_map -D /dev/rdisk/disk332

    LUN PATH INFORMATION FOR LUN : /dev/rdisk/disk332
```

Total number of LUN paths   = 8
World Wide Identifier(WWID)   = 0x600508b4000cee0600006000091c0000

LUN path : lunpath216
Class   = lunpath
Instance   = 216
Hardware path   =
0/0/14/1/0/4/0.0x50001fe150262259.0x4018000000000000
SCSI transport protocol   = fibre_channel
State   = ACTIVE
Last Open or Close state   = ACTIVE

LUN path : lunpath225
Class   = lunpath
Instance   = 225
Hardware path   =
0/0/14/1/0/4/0.0x50001fe15026225b.0x4018000000000000
SCSI transport protocol   = fibre_channel
State   = ACTIVE
Last Open or Close state   = ACTIVE

LUN path : lunpath219
Class   = lunpath
Instance   = 219
Hardware path   =
0/0/14/1/0/4/0.0x50001fe15026225d.0x4018000000000000
SCSI transport protocol   = fibre_channel
State   = STANDBY
Last Open or Close state   = STANDBY

LUN path : lunpath218
Class   = lunpath
Instance   = 218
Hardware path   =
0/0/14/1/0/4/0.0x50001fe15026225f.0x4018000000000000
SCSI transport protocol   = fibre_channel
State   = STANDBY
Last Open or Close state   = STANDBY

LUN path : lunpath220
Class   = lunpath
Instance   = 220
Hardware path   =
1/0/14/1/0/4/0.0x50001fe15026225c.0x4018000000000000
SCSI transport protocol   = fibre_channel
State   = STANDBY
Last Open or Close state   = STANDBY

LUN path : lunpath221
Class   = lunpath
Instance   = 221
Hardware path   =
1/0/14/1/0/4/0.0x50001fe15026225e.0x4018000000000000
SCSI transport protocol   = fibre_channel
State   = STANDBY
Last Open or Close state   = STANDBY

LUN path : lunpath217
Class   = lunpath
Instance   = 217
Hardware path   =
1/0/14/1/0/4/0.0x50001fe150262258.0x4018000000000000
SCSI transport protocol   = fibre_channel
State   = ACTIVE
Last Open or Close state   = ACTIVE

LUN path : lunpath224
Class   = lunpath
Instance   = 224

```
Hardware path              =
1/0/14/1/0/4/0.0x50001fe15026225a.0x4018000000000000
SCSI transport protocol    = fibre_channel
State                      = ACTIVE
Last Open or Close state   = ACTIVE

[noname00] root:/root #
```

Con el comando anterior sabemos que el sistema operativo tiene acceso al disco disk332 por ocho caminos diferentes, tal como se indica en el campo "Total number of LUN paths".

Configuración de un cluster

En el mercado existen muchas herramientas de cluster, como Service Guard o Veritas Cluster, por citar algunas de las más utilizadas. Con el fin de entender los conceptos explicados anteriormente con un software real, utilizaremos Service Guard. No hay que tomarse al pie de la letra la configuración que hagamos a continuación, ya que existen varios módulos y extensiones de diferentes productos específicos y, como es bien sabido, el mundo de la informática y de las aplicaciones evoluciona constantemente, por lo que, en futuras versiones, puede cambiar el método o el modo de configuración del producto.

Service Guard es una utilidad de pago de Hewlett-Packard disponible para diferentes entornos UNIX y, para explicar los conceptos de cluster, utilizaremos la versión A.11.17.00. Aunque sabemos que existen versiones más recientes en el mercado, ésta nos será muy gráfica para entender cómo funciona un cluster por software.

- Partimos de la base de que los filesystems que utilizará el cluster ya están creados y utilizan la torre de discos para que podamos arrancar el servicio en el sistema de backup si el principal cae. En este ejemplo utilizaremos la estructura LVM y todos los servidores que forman parte del cluster deben tener la información de los VGs a utilizar, es decir, previamente se ha ejecutado el comando *vgimport* en cada servidor.

- El siguiente paso es crear la información del cluster (nombre, nodos que lo componen, etc.). Para ello nos situaremos en el directorio */etc/cmcluster* y editaremos el fichero *cmclconfig.ascii* como sigue:

```
# Asignamos un nombre al cluster
CLUSTER_NAME            MI_CLUSTER


# Disco de cluster lock
FIRST_CLUSTER_LOCK_VG            /dev/vgclkp

# Configuramos la red del servidor "servidor1"
NODE_NAME              servidor1
NETWORK_INTERFACE    lan5
HEARTBEAT_IP     172.23.66.13
# Esta es la interface standby
NETWORK_INTERFACE    lan1
# Interfaz del heartbeat
 NETWORK_INTERFACE    lan4
HEARTBEAT_IP      1.1.1.10


FIRST_CLUSTER_LOCK_PV       /dev/dsk/c14t0d0 /dev/dsk/c15t0d0 /dev/dsk/c12t0d0 /dev/dsk/c13t0d0
# Configuramos la red del servidor "servidor2"
NODE_NAME              servidor2
NETWORK_INTERFACE    lan3
HEARTBEAT_IP     172.23.66.14
# Esta es la interface standby
NETWORK_INTERFACE    lan8
# Interfaz del heartbeat
NETWORK_INTERFACE    lan4
HEARTBEAT_IP      1.1.1.11


FIRST_CLUSTER_LOCK_PV       /dev/dsk/c8t0d0       /dev/dsk/c9t0d0 /dev/dsk/c10t0d0 /dev/dsk/c11t0d0


HEARTBEAT_INTERVAL          1000000
```

```
NODE_TIMEOUT               2000000

AUTO_START_TIMEOUT  600000000
NETWORK_POLLING_INTERVAL        2000000
NETWORK_FAILURE_DETECTION       INOUT
MAX_CONFIGURED_PACKAGES         150

VOLUME_GROUP    /dev/mivg
```

El significado de algunos de los parámetros más importantes de este fichero es el siguiente:

- **Network interface:** Es la tarjeta de red principal por la que se comunicará cada servidor.
- **IP de heartbeat:** Es una interfaz de comunicaciones que sirve para que todos los nodos del cluster se comuniquen entre sí a través de la red. Se suelen configurar dos interfaces de HEARTBEAT por si le pasa algo a la primera.
- **Cluster lock**: Es un disco que tiene que estar accesible por todos los nodos del cluster. Sirve para conocer el estado de cada paquete, en cada momento, y saber dónde ha de estar arrancado. Cuando un nodo toma el control del cluster lock, el resto reconocen esta circunstancia. El disco puede ser un VG de LVM exclusivo para esta función y debe aparecer como desactivado durante el funcionamiento del servicio, aunque se tendrá que activar momentáneamente a la hora de compilar el binario del cluster. Es importante que el fichero *cmclconfig.ascii* tenga bien configurado este disco, ya que si hay un problema con la IP de HEARTBEAT y no hay visibilidad del clusterlock, todos los servidores que forman el cluster se pensarán que están aislados y podremos sufrir un crash en todos los sistemas operativos clusterizados, ya que no podrán comunicarse entre sí.

- A continuación, configuraremos los paquetes que podrán balancearse entre cada uno de los sistemas. Con el comando *cmmakepkg –p NombrePaquete.conf*, podemos crear una plantilla (en */etc/cmcluster*) para luego modificar según la estructura del paquete que necesitemos.

Los servicios que se incluyan han de tener una IP virtual para que pueda balancearse al arrancar el paquete en un servidor de backup, ya que un servicio siempre va a escuchar por la misma IP, independientemente del servidor donde se encuentre arrancado.

En el fichero *.conf*, tenemos el nombre del paquete y el orden que establece el servidor primario y el de backup:

[servidor1] root:/etc/cmcluster/pkgcmsd # cat mipkg.conf

```
PACKAGE_NAME            mipkg
PACKAGE_TYPE            FAILOVER
FAILOVER_POLICY         CONFIGURED_NODE
FAILBACK_POLICY         MANUAL

# Servidor primario
NODE_NAME      servidor1

# Servidor de backup
NODE_NAME      servidor2
AUTO_RUN                      YES
LOCAL_LAN_FAILOVER_ALLOWED    YES
NODE_FAIL_FAST_ENABLED        NO

# Fichero con los scripts que se ejecutan durante el arranque del paquete
RUN_SCRIPT         /etc/cmcluster/mipkg/mipkg.ctl
RUN_SCRIPT_TIMEOUT           NO_TIMEOUT

# Fichero con los scripts que se ejecutan durante la parada del paquete
HALT_SCRIPT        /etc/cmcluster/mipkg/mipkg.ctl
HALT_SCRIPT_TIMEOUT          NO_TIMEOUT
SUBNET   172.23.66.0
```

En el servidor "servidor2" hay una copia exacta de este fichero.

- A continuación configuramos el fichero mipkg.ctl para arrancar y parar las aplicaciones durante el arranque y la parada del paquete:

```
[servidor1] root:/etc/cmcluster/mipkgpkg # cat mipkg.ctl

. ${SGCONFFILE:=/etc/cmcluster.conf}
PATH=$SGSBIN:/usr/bin:/usr/sbin:/etc:/bin
CVM_ACTIVATION_CMD="vxdg -g \$DiskGroup set
activation=exclusivewrite"

# Definimos los VGs y filesystems que utiliza este paquete
VG[0]="mivg"
DEACTIVATION_RETRY_COUNT=0
KILL_PROCESSES_ACCESSING_RAW_DEVICES="NO"
LV[0]=/dev/mivg/lvol1      FS[0]=/base_de_datos/MiBD
FS_MOUNT_OPT[0]="-o rw"
LV[1]=/dev/mivg/lvol2      FS[1]=/base_de_datos/MiBD/archivers
FS_MOUNT_OPT[1]="-o rw"

# Definimos los scripts que se ejecutan durante el arranque del paquete
log_file=${SG_SCRIPT_LOG_FILE:-$0.log}
function customer_defined_run_cmds
{
    /scripts/oracle/arrancaBD.sh
    /scripts/oracle/arrancaListener.sh
    test_return 51
}


# Definimos los scripts que se ejecutan durante el paro del paquete
function customer_defined_halt_cmds
{
# ADD customer defined halt commands.
: # do nothing instruction, because a function must contain some command.

# Paramos la BD Oracle

   /scripts/oracle/paraListener.sh
   /scripts/oracle/paraBD.sh

}
```

- Chequeamos la configuración del cluster con el comando:

    /usr/sbin/cmcheckconf -T 6 -v -C /etc/cmcluster/cmclconfig.ascii -P /etc/cmcluster/mipkg/mipkg.conf

- Si todo está bien, generamos y distribuimos a todos los nodos, el fichero binario del cluster:

    /usr/sbin/cmapplyconf -v -P mipkg

- Ahora ya podemos arrancar y parar el cluster y sus paquetes:

    - cmruncl → Arranque el cluster completamente.
    - cmhaltcl → Lo para.
    - cmviewcl -v → Muestra por pantalla el estado del cluster.
    - cumrunpkg -p mipkg →Arranque el paquete *mipkg*.
    - cmhaltpkg -p mipkg → Lo para.
    - cmrunnode → Arranca el nodo del cluster donde hayamos ejecutado el comando.
    - cmhaltnode → Lo desactiva.

Ejemplo:

```
[servidor1]root:/etc/cmcluster # cmviewcl

CLUSTER        STATUS
MI_CLUSTER     up

  NODE        STATUS      STATE
  servidor1   up          running
  servidor2   up          running

   PACKAGE    STATUS     STATE     AUTO_RUN    NODE
   mipkg      up         running   enabled     servidor1
[servidor1]root:/etc/cmcluster #
```

Relación de comandos y otras particularidades entre los diferentes sistemas UNIX

Directory Mappings	AIX	FreeBSD	HP-UX	Linux RedHat	Solaris	Tru64
Root filesystem	/ {/dev/hd4}	/ {/dev/ad0s1a}	/ {/dev/vg00/lvol1}	/ {/dev/sda1}	/ {/dev/vx/dsk/rootvol}	/ {/dev/rz0a}
Home Directory	/home {/dev/hd1}		/home {/dev/vg00/lvol4}	/home	/ export/home /dev/vx/dsk/home}	
Temporary directory	/tmp {/dev/hd3}		/tmp {/dev/vg00/lvol6}		/tmp /dev/vx/dsk/swapvol}	
USR directory	/usr {/dev/hd2}	/usr {/dev/ad0s1f}	/usr {/dev/vg00/lvol7}		/usr	/usr {/dev/rz0g}
	/var {/dev/hd9var}	/var {/dev/ad0s1e}	/var {/dev/vg00/lvol8}		/var	
Sample configuration files	-		/ usr/newconfig			
User	**AIX**	**FreeBSD**	**HP-UX**	**Linux**	**Solaris**	**Tru64**

Accounts				RedHat		
Password files	/etc/passwd /etc/security/passwd	/etc/passwd /etc/master.passwd	/etc/passwd /tcb/files/auth/r/root	/etc/passwd /etc/shadow	/etc/passwd /etc/shadow	/etc/passwd
Groups file	/etc/group /etc/security/group	/etc/group	/etc/group /etc/logingroup	/etc/group	/etc/group	/etc/group
Maximum # of user ID	4294967295	65535	2147483647	65535	2147483647	65535
Allow/Deny remote login	/etc/security/user {rlogin=true}	/etc/ttys {secure}	/etc/securety {console}	/etc/securety {ttyp1}	/etc/default/login {CONSOLE=/dev/console}	/etc/securettys {ttyp1}
User nobody's id #	4294967294	65534	-2	99	60001 & 65534(nobody4)	65534
Group nobody's id #	4294967294	65534	-2(nogroup)	99	60002 & 65534(nogroup)	65534
Recover root password	boot from CD/Tape Installation/Maintenance Start Limited Shell getrootfs hdisk0 vi /etc/secur	ok boot -s passwd root	>boot Interact with IPL ? Y ISL>hpux -iS passwd root	{lilo} control-x linux S passwd root {grub} c kernel vmlinuz-2.4.9-13 single ro root=/de	boot cdrom -s mkdir /tmp/a mount /dev/c0t0d0s0 /tmp/a vi /tmp/a/etc/shadow	press the HALT Button or (Control-P) >>>boot -fl s lsmbstartup /sbin/bcheckrc passwd

				v/hda8 initrd /initrd-2.4.9-13.img boot passwd root		root
Create new user	mkuser	adduser	useradd	useradd	useradd	useradd
Delete user	rmuser	rmuser	userdel	userdel	userdel	userdel
List users	lsuser -f ALL		logins		logins	
Modify user account	chuser -a		usermod	usermod	usermod	usermod
General Commands	**AIX**	**FreeBSD**	**HP-UX**	**Linux RedHat**	**Solaris**	**Tru64**
Unique host ID	hostid		uname -i	hostid	hostid	hostid
Administrator	smit		sam	linuxconf	admintool	sysman
Performance monitor	top	top monitor	top	top glance	top	top
System activity reporter	sar	sa	sar	sar	sar	/usr/opt/svr4/bin/sar
Virtual Memory statistics	vmstat	vmstat	vmstat	vmstat	vmstat	vmstat
I/O statistics	iostat	iostat	iostat	iostat	iostat	iostat
Error logs	alog -o -t boot errpt	dmesg	dmesg	dmesg	dmesg	uerf -R -o full
Physical	1TB		4TB	64 GB	16TB	4TB

RAM				{>2.3.24}		
Shared Memory	2.75GB		8TB	sysctl kernel.shm max		
Process Data Space	2GB		4GB	900 MB		
Swap device	/dev/hd6	/dev/ad0s1b	/dev/vg00/lvol2	/dev/sda2	/dev/vx/dsk/swapvol	/dev/rz0b
Swap file type	/etc/swapspaces	swap	swap	partition type 82	swap	raw
Display swap size	lsps -a	swapinfo	swapinfo -a	free	swap -l	swapon -s
Activate Swap	swapon -a	swapon -a	swapon -a	swapon -a	swap -a	swapon -a
Printers	**AIX**	**FreeBSD**	**HP-UX**	**Linux RedHat**	**Solaris**	**Tru64**
Printer Queues	/etc/qconfig	/var/spool/print	/etc/lp/interface/*	/var/spool/lpd/lp/*	/etc/lp/interfaces/*	/usr/spool/lpd
Stop LP	stopsrc -s lpd		lpshut	/etc/init.d/lpd stop	/usr/lib/lp/lpshut	/sbin/init.d/lpd stop
Start LP	startsrc -s lpd	lpd	lpsched	/etc/init.d/lpd start	/usr/lib/lp/lpsched	/sbin/init.d/lpd start
Submit print jobs	enq lp lpr qprt	lp	lp	lpr	lp lpr	lp lpr
LP statistics	enq -A lpq lpstat qchk	lpq	lpstat	lpq	lpstat	lpstat

Remove print jobs	cancel lprm qcan enq -x	cancel lprm	cancel	lprm	cancel lprm	cancel lprm
Add printer queue	smit mkpq		lpadmin -p pq	printtool	lpadmin -p pq	lprsetup
Remove Printer queue	smit rmpq		lpadmin -x pq		lpadmin -x pq	lprsetup
Make default printer	export LPDEST ="pq"		lpadmin -d pq		lpadmin -d pq	export PRINTER ="lp"
TCP/IP	**AIX**	**FreeBSD**	**HP-UX**	**Linux RedHat**	**Solaris**	**Tru64**
Network IP configuration	lsattr -E -l inet0	/etc/rc.conf	/etc/rc.config.d/netconf	/etc/sysconfig/network-scripts/	/etc/hostname.* /etc/inet/* /etc/defaultrouter	/etc/rc.config
Hosts IP addresses	/etc/hosts	/etc/hosts	/etc/hosts	/etc/hosts	/etc/inet/hosts	/etc/hosts
Name service switch	/etc/netsvc.conf	/etc/host.conf	/etc/nsswitch.conf	/etc/nsswitch.conf	/etc/nsswitch.conf	/etc/svc.conf
Network parameters	no -a	sysctl	ndd -h	sysctl -a | grep net	ndd /dev/[tcp|ip] ?	
Routing daemon	gated	routed	gated	routed	in.routed	routed
NIC Configurations	ifconfig -a	ifconfig -a	lanscan -v	ifconfig -a	ifconfig -a	ifconfig -a
Secondary IP Address	ifconfig en0 alias	ifconfig xl0 alias	ifconfig lan0:1 IP	modprobe ip_alias	ifconfig hme0:1 IP	ifconfig ln0 alias

	IP	IP		ifconfig eth0:1 IP	up	
Login prompt	HERALD @ /etc/security/login.cfg		telnetd -b /etc/issue	/etc/issue	BANNER @ /etc/default/telnetd	/etc/issue
Increase the # of pseudo-terminals	odmget -q "attribute =num and uniquetype=pty/pty/pty" PdAt | sed "s/0-64/0-512/" | odmchange -q "attribute =num and uniquetype=pty/pty/pty" -o PdAt chdev -l pty0 -anum=256 -P reboot		rebuild your kernel with these new values NPTY=# NSTRPY=# reboot insf -d ptys -n # insf -d ptym -n # insf -d pts -s # -e -v	cd /dev ./MAKEDEV -v pty	{/etc/system} set pt_cnt = # {SYSV} set npty = # {BSD} {/etc/iu.ap} ptsl 0 # ldterm ttcompat halt boot -r	cd /dev ./MAKEDEV PTY_1
Maximum # of ptys	512		{MAXUSERS}	256	176 {BSD} 3000 {SYSV}	8192
Remote Shell	remsh rsh	rsh	remsh	rsh	rsh	rsh

	AIX	FreeBSD	HP-UX	Linux RedHat	Solaris	Tru64
YP/NIS service binder	/usr/lib/netsvc/yp/ypbind	/usr/sbin/ypbind	/usr/lib/netsvc/yp/ypbind	/sbin/ypbind	/usr/lib/netsvc/yp/ypbind	/usr/sbin/ypbind
System Files	**AIX**	**FreeBSD**	**HP-UX**	**Linux RedHat**	**Solaris**	**Tru64**
NFS exported	/etc/exports	/etc/exports	/etc/exports	/etc/exports	/etc/dfs/dfstab /etc/dfs/sharetab	/etc/exports
NFS Client mounted directories	/etc/xtab		/etc/xtab	/var/lib/nfs/xtab	/etc/rmtab	/var/adm/mountdtab
Max File System	128 GB		128 GB	2 TB	1 TB 8000 TB {vxfs}	128 GB {<= 3.2G} 512 GB {>= 4.0} 16 TB {advfs}
Max File Size	64 GB		128 GB	2 GB {512B block size} 8192 GB {8KB block size}	1 TB 2 GB {=<2.5.1}	128 GB {<= 3.2G} 512 GB {>= 4.0} 16 TB {advfs}
Max # File Descriptors	64 K		60~ K	sysctl fs.file-max	64 K	64 K
DISK/LVM Commands	**AIX**	**FreeBSD**	**HP-UX:Disk & filesystem**	**Linux RedHat**	**Solaris**	**Tru64**
Filesystem table	/etc/filesys	/etc/fstab	/etc/fstab	/etc/fstab	/etc/vfstab	/etc/fstab

	tems					
Free disk blocks	df -k	df -k	bdf	df -k	df -k	df -k
Device listing	lsdev -C		/sbin/ioscan	cat /proc/devices	sysdef	
Disk information	bootinfo -s hdisk#	fdisk -v ad0	diskinfo /dev/rdsk/c#t#d#	cat /proc/scsi/scsi0/sda/model	format -d c#t#d# format>current format>inquiry	file /dev/rrz0c
Disk Label	lspv -l hdisk#	disklabel ad0	pvdisplay -v /dev/dsk/C#t#d#	fdisk -l	prtvtoc	disklabel -p rz0
LVM Concepts	Partition	sub disk	logical extents	logical extents	sub disk	sub disk
	Volume	Volume	logical volume	logical volume	Volume	Volume
		Plex			Plex	Plex
	Volume group		volume group	volume group	disk group	disk group
Journal Filesystem type	jfs		vxfs	ext3 reiserfs	vxfs	advfs
Default volume group	/dev/rootvg		/dev/vg00		/dev/vx/dsk/rootdg	/dev/vol/rootdg
Display volume group	lsvg -l rootvg		vgdisplay -v vg00	vgdisplay -v	vxprint -l -g rootdg	volprint -l -g rootdg
Modify physical volume	chpv		pvchange	pvchange		

Prepare physical disk	mkdev -c disk -l hdisk#		pvcreate	pvcreate	vxdiskadd	voldiskadd
List physical volume	lspv	vinum ld	pvdisplay	pvdisplay	vxprint -dl	volprint -dl
Remove disk from volume group	reducevg		vgreduce	vgreduce	vxdg rmdisk	voldg rmdisk
Move logical volumes to another physical volumes	migratepv	vinum move -f drive object	pvmove	pvmove	vxassist move	volassist move
Create volume group	mkvg		vgcreate	vgcreate	vxdg init	voldg init
Remove volume group			vgremove	vgremove		
Volume group availability	chvg varyonvg varyoffvg		vgchange	vgchange		
Restore volume group			vgcfgrestore	vgcfgrestore		
Exports volume group	exportvg		vgexport	vgexport	vxdg deport	voldg deport
Imports volume group	importvg		vgimport	vgimport	vxdg import	voldg import
Volume group listing	lsvg		vgscan	vgscan		
Change logical	chlv		lvchange	lvchange	vxedit set	voledit set

volume characteristics						
List logical volume	lslv	vinum lv	lvdisplay	lvdisplay	vxprint -vl	volprint -vl
Make logical volume	mklv		lvcreate	lvcreate	vxassist make	volassist make
Extend logical volume	extendlv		lvextend	lvextend	vxassist growto	volassist growto
Reduce logical volume	**AIX reduce LV**		**lvreduce**	**lvreduce**	**vxassist shrinkto**	**volassist shrinkto**
Remove logical volume	rmlv	vinum rm vol	lvremove	lvremove	vxedit rm	voledit -g rootdg -rf rm vol1
Prepare boot volumes	bootlist -m normal		lvlnboot	lilo	vxbootsetup	
Remove boot volumes			lvrmboot			
Extend File system	chfs -a size=# /mt		extendfs /dev/vg00/lvol8 fsadm -F vxfs -b {LE * 1024} /mt	resize2fs resize_reiserfs	vxva mkfs -M	
Reduce/Split mirrors	rmlvcopy		lvsplit	lvsplit		
Merge mirrors			lvmerge	lvmerge		
Create mirrors	mklv -c 2	vinum mirror	lvcreate -m 1		vxassist mirror	volassist make vol

			drive			100mb mirror=true
Add mirrors	mklvcopy lv 2		lvextend -m 1			
Create striped volumes	mklv -u 3 -S 64K	vinum stripe drive	lvcreate -i 3 -I 64	lvcreate -i 3 -I 64	vxassist make vol 100mb layout=raid5	volassist make vol 100mb layout=stripe
System recovery tape	mksysb -i /dev/rmt0		/opt/ignite/bin/make_recovery			/usr/sys/bin/btcreate
Backup	savevg -i rootvg	vinum saveconfig	fbackup	tar cvf /dev/rst0 /	ufsdump	vdump
Restore	restvg		frecover	tar xvf /dev/rst0	ufsrestore	vrestore
MISC	**AIX**	**FreeBSD**	**HP-UX**	**Linux RedHat**	**SOLARIS**	**Tru64**
Startup script	/etc/rc	/etc/rc	/sbin/rc	/etc/rc.d/rc	/etc/init.d	/sbin/init.d
Kernel	/usr/lib/boot/unix_up	/kernel	/stand/vmunix	/boot/vmlinuz	/kernel/genunix	/vmunix
Kernel Parameters	lsattr -E -l sys0	sysctl -a	sysdef kmtune kmsystem	sysctl -a	sysdef -i	sysconfig dxkerneltuner
Reconfigure the kernel	chdev -l sys0 -a	cd /sys/i386/conf vi KERNEL	cd /stand/build /usr/lbin/sysadm/syste	cd /usr/src/linux make mrproper	vi /etc/system reboot	doconfig

			config KERNEL cd ../../compile/KERNEL make depend make make install	m_prep -v -s system vi system mk_kernel -s system cd /stand mv system system.prev mv vmunix vmunix.prev mv dlkm dlkm.prev mv /stand/build/system system kmupdate /stand/build/vmunix_test	make menuconfig make dep make clean make bzImage make install make modules make modules_install cp arch/i386/boot/bzImage /boot/vmlinuz-2.2.16 mkinitrd /boot/initrd-2.2.16.img 2.2.16 vi /etc/lilo.conf lilo		
List modules	genkex		kldstat	kmadmin -s	lsmod	modinfo	
Load module			kldload	kmadmin -L	insmod	modload	
Unload module			kldunload	kmadmin -U	rmmod	modunload	
Initialize system	install_assist		/stand/sysi	set_parms initial	netconf	sys-unconfig	netsetup

	AIX	BSD	HP-UX	Linux	Solaris	Tru64
			nstall			
Physical RAM	bootinfo -r	sysctl hw.physmem	grep -i Physical /var/adm/syslog/syslog.log	free	prtconf	uerf | grep memory
Kernel Bits	bootinfo -K		getconf KERNEL_BITS	getconf LONG_BIT	isainfo -kv	64
Crash utility	crash	crash	adb	lcrash	crash	kdbx
Trace System Calls	syscalls	truss	tusc	strace	truss	trace
Machine model	Uname -m bootinfo -m	uname -m	model uname -m	uname -m	uname -imp	uname -p
OS Level	oslevel	uname -r	uname -r	uname -r	uname -r	sizer -v
Run Level	who -r		who -r	runlevel	who -r	who -r
Core dump files	/var/adm/ras		/var/adm/crash		/var/crash/`uname -n`	
Boot single user	Key on service mode/F4 Boot from CD/Tape Select Maintenance Limited function Shell	ok boot -s	>boot Interact with IPL ? Y ISL>hpux -iS	{lilo} control-x linux S {grub} c kernel vmlinuz-2.4.9-13 single ro root=/dev/hda8 initrd /initrd-2.4.9-13.img	ok boot -s	> boot -fl s

				boot		
Maintenance mode		ok boot -as	>boot Interact with IPL ? Y ISL>hpux -lm		ok boot -as	
Interrupt Key			control-B		Stop-A	control-P
Return to console			co		ok go	
Timezone Management	/etc/enviro nment /etc/profil e	/etc/localti me	/etc/TIMEZ ONE	/etc/sysconf ig/clock	/etc/TIMEZ ONE /etc/default /init	/etc/svid3_t z timezone
NTP Daemon	/etc/ntp.co nf startsrc -s xntpd	/etc/rc.conf {xntpd_en able="YE S"} /etc/rc.net work	/etc/rc.confi g.d/netdae mons /sbin/init.d /xntpd	/etc/ntp.con f /etc/rc.d/in it.d/xntpd	/etc/inet/ntp .conf /etc/init.d/ xntpd	rcmgr set XNTPD_C ONF YES /sbin/init.d/ xntpd
Software	**AIX**	**FreeBSD**	**HP-UX**	**Linux RedHat**	**Solaris**	**Tru64**
Install Software	installp -a	pkg_add	swinstall	rpm -i package	pkgadd	setld -l
Uninstall software	installp -u	pkg_delet e	swremove	rpm -e package	pkgrm	setld -d
List installed software	lslpp -L all	pkg_info -a	swlist	rpm -qa	pkginfo	setld -i
Verify installed software	lppchk -v		swlist -l fileset -a state	rpm -V package	pkginfo -i pkginfo -p	setld -v
List all files	lslpp -f	pkg_info	swlist -l	rpm -ql	pkgchk -l	setld -i

	fileset	-L package	file fileset	package	package	package
List installed patches	instfix -i		swlist -l patch what /stand/vmunix		patchadd -p	dupatch -track -type patch
Package owner	lslpp -w path		swlist -l file | grep path	rpm -qf file	pkgchk -l -p path	
SW Directory	/usr/lpp	/var/db/pkg	/var/adm/sw/	/var/lib/rpm	/var/sadm	/var/adm/smlogs
Devices	**AIX**	**FreeBSD**	**HP-UX**	**LINUX(RedHat)**	**SOLARIS**	**Tru64**
Devices	/dev	/dev	/dev	/dev	/devices	/dev
Install devices for attached peripherals	cfgmgr -v	/dev/MAKEDEV	insf -e	/dev/MAKEDEV	drvconfig devlinks disks tapes ports	scu scan edt scsimgr -scan_all
Remove device	rmdev -l		rmsf		rem_drv	
Device drivers	lscfg		lsdev		prtconf -D	
CPU	lsdev -Cc processor	sysctl hw.model	ioscan -fnC processor	cat /proc/cpuinfo	psrinfo -v	psrinfo -v
List Terminal	lsdev -Cc tty		ioscan -fnC tty		pmadm -l	
Diagnostics	diag	pciconf -l	stm	lspci pnpdump	/usr/platform/`uname -m`/sbin/prtdia	

					g ok test-all /opt/SUNWvts/bin/sunvts	
Whole Disk	/dev/hdisk#	/dev/ad0s1c	/dev/dsk/c#t#d0	/dev/sda	/dev/c#t#d0s2	/dev/rz0c
CDROM	/dev/cd0	/dev/acd0c	/dev/dsk/c#t2d0	/dev/cdrom	/dev/dsk/c#t6d0s2	/dev/rz3c
CDROM file type	cdrfs	cd9660	cdfs	iso9660	hsfs	cdfs
Rewinding tape drive	/dev/rmt0	/dev/rwt0d	/dev/rmt/0m	/dev/rst0 { c 9 0}	/dev/rmt/0	/dev/rmt0
Non-rewinding tape drive	/dev/rmt0.1	/dev/nrwt0d	/dev/rmt/0mn	/dev/nrst0 { c 9 128 }	/dev/rmt/0n	/dev/nrmt0
Floppy drive	/dev/rfd0	/dev/fd0	-	/dev/fd0	/dev/diskette	/dev/fd0c

Uso de la memoria

Como se indicaba en los primeros capítulos, uno de los elementos hardware claves para el funcionamiento de un sistema informático, es la memoria RAM. Este tipo de memoria se caracteriza por ser de acceso muy rápido pero el contenido de sus datos es temporal.

El sistema operativo deberá manejar la memoria física para:

- Cargar más de un programa en memoria.
- Gestionar la ejecución de aquellos programas que no han cabido completamente en la memoria.
- Establecer la relación entre la dirección lógica y la física de los programas que están cargados en memoria.
- Compartir y gestionar de la manera más eficiente posible el espacio libre y ocupado de la memoria.

Cuando se ejecuta un programa, éste, se almacena en memoria. En los primeros sistemas UNIX existía una tabla de particiones con un tamaño fijo (2KB, 4KB, 8KB, etc.). En cada una de las particiones se almacenaba un programa diferente. Sin embargo, este método de almacenamiento limitaba el número máximo de programas que se podían ejecutar y no aprovechaba toda la memoria física disponible, lo que es conocido como fragmentación. Por suerte, la evolución tecnológica ha permitido que, en la actualidad, podamos ejecutar más programas de los que caben en la memoria física. Esto se consigue gracias a:

- El tamaño de las particiones ya no es fijo.
- No es necesario que todas las particiones que utiliza un programa tengan que estar ordenadas de forma contigua, ya que es posible localizar todas las particiones necesarias mediante un complejo mecanismo de direccionamiento. Para explicarlo de una manera simple, diremos que su funcionamiento consiste en tener inventariada la dirección PTBR (o apuntador a la tabla de páginas) o STBR (tabla de segmentos) para poder localizar aquel trocito de programa que se necesita en un momento dado.

- Los programas residentes en memoria son capaces de compartir código, permitiendo utilizar menos cantidad de memoria.

- Ha aparecido un sistema de memoria secundaria, normalmente un disco duro, al que se le conoce como *swap*. Este método permite ejecutar programas de un tamaño mayor al de la memoria física, o al que queda disponible en ella. La memoria swap forma parte de lo que se conoce como *memoria virtual*. En la memoria física únicamente se almacena un subconjunto de todas las páginas de un programa. El resto, se almacenan en la memoria swap. Esto significa que, en tiempo de ejecución, un programa puede entrar y salir de la memoria física, lo que permite que, ésta, pueda ser gestionada más eficazmente. Por contra, la lectura y escritura de datos en disco es más lenta que cuando se hace directamente en la memoria física, lo que puede representar un problema de rendimiento en nuestro sistema. A la operación de escribir en disco se la conoce como *swap-out*, mientras que a la operación de lectura se la denomina *swap-in*.

www.ingramcontent.com/pod-product-compliance
Lightning Source LLC
Chambersburg PA
CBHW080906170526
45158CB00008B/2011